思想道德修养与
法律基础案例教学指导

主　编　余　琳
副主编　王仙先　田谢军
主　审　周　莹　阎红茹

北京理工大学出版社
BEIJING INSTITUTE OF TECHNOLOGY PRESS

版权专有　侵权必究

图书在版编目（CIP）数据

思想道德修养与法律基础案例教学指导/余琳主编 . —北京：北京理工大学出版社，2017.8（2021.8 重印）

ISBN 978 – 7 – 5682 – 4309 – 4

Ⅰ.①思… Ⅱ.①余… Ⅲ.①思想修养 – 高等职业教育 – 教学参考资料②法律 – 中国 – 高等职业教育 – 教学参考资料　Ⅳ.①G641.6②D920.4

中国版本图书馆 CIP 数据核字（2017）第 164025 号

出版发行 / 北京理工大学出版社有限责任公司
社　　址 / 北京市海淀区中关村南大街 5 号
邮　　编 / 100081
电　　话 / (010) 68914775（总编室）
　　　　　 (010) 82562903（教材售后服务热线）
　　　　　 (010) 68944723（其他图书服务热线）
网　　址 / http：//www.bitpress.com.cn
经　　销 / 全国各地新华书店
印　　刷 / 三河市天利华印刷装订有限公司
开　　本 / 787 毫米 × 1092 毫米　1/16
印　　张 / 8.5　　　　　　　　　　　　　　　　　　　责任编辑 / 王俊洁
字　　数 / 176 千字　　　　　　　　　　　　　　　　文案编辑 / 王俊洁
版　　次 / 2017 年 8 月第 1 版　2021 年 8 月第 6 次印刷　责任校对 / 周瑞红
定　　价 / 26.00元　　　　　　　　　　　　　　　　责任印制 / 施胜娟

图书出现印装质量问题，请拨打售后服务热线，本社负责调换

前　言

《思想道德修养与法律基础》课是一门以马列主义、毛泽东思想和中国特色社会主义理论体系为指导，以世界观、人生观、价值观、道德观、法治观教育为主线，针对大学生成长成才过程中面临的思想道德和法律问题，帮助其增强社会主义法治观念，提高思想道德素质，解决大学生在成长成才过程中遇到的实际问题。

根据中共中央和陕西省委有关党的十八大精神"进教材、进课堂、进头脑"的要求，陕西省委高教工委在2016年8月已经对《思想道德修养与法律基础》教材进行了修订。

为了适应高职高专学生学习的需要，推进高职高专"思想道德修养与法律基础"课程教学的改革，大胆尝试案例教学法，提高学生的学习兴趣，增强教学效果，提高这门课程的实效性，西安航空职业技术学院思想政治理论课教学科研部在理论研究和课堂实践的基础上，根据修订后的《思想道德修养与法律基础》（2016年8月版）课程的主要内容，精心修订了《思想道德修养与法律基础案例教学指导》（刘晓、阎红茹主编，西北大学出版社，2014年8月版）。

本书沿用《思想道德修养与法律基础案例教学指导》的部分内容，以社会主义核心价值观为主线，以理想信念为核心，以思想道德和法律知识为载体，以高职高专学生经常遇到的问题和困惑以及社会上存在的热点和焦点问题等为选取典型案例的依据，按照陕西省委高教工委组织高职高专骨干教师编写的教材《思想道德修养与法律基础》（2016年8月版）的内容为框架，以案例介绍和案例剖析为主要形式，以开阔学生视野、丰富教材内容，指导学生自主学习、独立思索为目的，组织骨干教师在收集和参阅大量教学案例的基础上，经过反复研讨，于2017年6月完成了本书的修订工作。我们按照教学过程，每一个章节设学习重点、典型案例、案例思考、案例点评、延伸案例及教学建议六个模块，强化了学生对理论知识的理解。

在选取案例的过程中，我们使用和参考了一些书籍、报刊和网站的素材，在此对原创者们表示诚挚的谢意！

本案例教学指导的修订工作由余琳主持。第一章、第二章、第三章由田谢军撰稿；第四章、第五章由王仙先撰稿；第六章、第七章、第八章由余琳撰稿。最后由余琳进行统稿。西安航空职业技术学院思想政治理论课教学科研部主任周莹、阎红茹同志对全书进行了审订。在此，谨表示诚挚的谢意。

由于我们水平有限，书中难免存在缺点和不足，恳请广大师生和读者批评指正。

编　者

2017 年 5 月 2 日

目　　录

第一章　适应新生活　把握新阶段 ··· 1
　第一节　熟悉并适应大学生活 ··· 1
　　一、学习重点 ··· 1
　　二、典型案例 ··· 1
　　三、案例思考 ··· 3
　　四、案例点评 ··· 3
　　五、延伸案例 ··· 4
　　六、学习建议 ··· 6
　第二节　培养重德崇法意识　提高道德法律素质 ··························· 7
　　一、学习重点 ··· 7
　　二、典型案例 ··· 7
　　三、案例思考 ··· 9
　　四、案例点评 ··· 9
　　五、延伸案例 ··· 9
　　六、学习建议 ·· 11
　第三节　把握准则　规范自身行为 ······································ 11
　　一、学习重点 ·· 11
　　二、典型案例 ·· 12
　　三、案例思考 ·· 12
　　四、案例点评 ·· 12
　　五、延伸案例 ·· 13
　　六、学习建议 ·· 16

第二章　追求远大理想　确定成才目标 ······································ 17
　第一节　理想信念是大学生成才的动力 ·································· 17
　　一、学习重点 ·· 17
　　二、典型案例 ·· 17

三、案例思考 ··· 18
　　四、案例点评 ··· 18
　　五、延伸案例 ··· 19
　　六、学习建议 ··· 20
第二节　确定成才目标　做好生涯规划 ··· 20
　　一、学习重点 ··· 20
　　二、典型案例 ··· 21
　　三、案例思考 ··· 21
　　四、案例点评 ··· 21
　　五、延伸案例 ··· 22
　　六、学习建议 ··· 25
第三节　在实践中化理想为现实 ··· 25
　　一、学习重点 ··· 25
　　二、典型案例 ··· 25
　　三、案例思考 ··· 28
　　四、案例点评 ··· 28
　　五、延伸案例 ··· 29
　　六、学习建议 ··· 30

第三章　弘扬中国精神　共筑精神家园 ··· 31
第一节　中国精神的传承与价值 ··· 31
　　一、学习重点 ··· 31
　　二、典型案例 ··· 31
　　三、案例思考 ··· 32
　　四、案例点评 ··· 32
　　五、延伸案例 ··· 33
　　六、学习建议 ··· 34
第二节　以爱国主义为核心的民族精神 ··· 35
　　一、学习重点 ··· 35
　　二、典型案例 ··· 35
　　三、案例思考 ··· 35
　　四、案例点评 ··· 36
　　五、延伸案例 ··· 36
　　六、学习建议 ··· 38
第三节　以改革创新为核心的时代精神 ··· 38
　　一、学习重点 ··· 38

二、典型案例 ……………………………………………………………… 38
三、案例思考 ……………………………………………………………… 39
四、案例点评 ……………………………………………………………… 40
五、延伸案例 ……………………………………………………………… 40
六、学习建议 ……………………………………………………………… 43

第四章 领悟人生真谛 和谐人生环境 …………………………………… 44

第一节 树立正确的人生观 ……………………………………………… 44
一、学习重点 ……………………………………………………………… 44
二、典型案例 ……………………………………………………………… 44
三、案例思考 ……………………………………………………………… 45
四、案例点评 ……………………………………………………………… 45
五、延伸案例 ……………………………………………………………… 46
六、学习建议 ……………………………………………………………… 48

第二节 促进自我身心的和谐 …………………………………………… 49
一、学习重点 ……………………………………………………………… 49
二、典型案例 ……………………………………………………………… 49
三、案例思考 ……………………………………………………………… 51
四、案例点评 ……………………………………………………………… 51
五、延伸案例 ……………………………………………………………… 51
六、学习建议 ……………………………………………………………… 54

第三节 促进人生环境的和谐 …………………………………………… 55
一、学习重点 ……………………………………………………………… 55
二、典型案例 ……………………………………………………………… 55
三、案例思考 ……………………………………………………………… 56
四、案例点评 ……………………………………………………………… 56
五、延伸案例 ……………………………………………………………… 56
六、学习建议 ……………………………………………………………… 59

第五章 加强道德建设 遵守道德规范 …………………………………… 60

第一节 继承和弘扬优良道德传统 ……………………………………… 60
一、学习重点 ……………………………………………………………… 60
二、典型案例 ……………………………………………………………… 60
三、案例思考 ……………………………………………………………… 64
四、案例点评 ……………………………………………………………… 64
五、延伸案例 ……………………………………………………………… 65

六、学习建议 …………………………………………………………………………… 67
第二节　加强社会主义道德建设 …………………………………………………………… 67
　　一、学习重点 …………………………………………………………………………… 67
　　二、典型案例 …………………………………………………………………………… 68
　　三、案例思考 …………………………………………………………………………… 69
　　四、案例点评 …………………………………………………………………………… 69
　　五、延伸案例 …………………………………………………………………………… 70
　　六、学习建议 …………………………………………………………………………… 74
第三节　遵守社会主义道德规范 …………………………………………………………… 74
　　一、学习重点 …………………………………………………………………………… 74
　　二、典型案例 …………………………………………………………………………… 75
　　三、案例思考 …………………………………………………………………………… 77
　　四、案例点评 …………………………………………………………………………… 77
　　五、延伸案例 …………………………………………………………………………… 77
　　六、学习建议 …………………………………………………………………………… 81

第六章　恪守职业道德　培育职业素质 …………………………………………………… 82
第一节　恪守职业道德　遵守职业规范 …………………………………………………… 82
　　一、学习重点 …………………………………………………………………………… 82
　　二、典型案例 …………………………………………………………………………… 82
　　三、案例思考 …………………………………………………………………………… 83
　　四、案例点评 …………………………………………………………………………… 83
　　五、延伸案例 …………………………………………………………………………… 83
　　六、学习建议 …………………………………………………………………………… 86
第二节　培育职业素质　正确择业创业 …………………………………………………… 86
　　一、学习重点 …………………………………………………………………………… 86
　　二、典型案例 …………………………………………………………………………… 86
　　三、案例思考 …………………………………………………………………………… 87
　　四、案例点评 …………………………………………………………………………… 87
　　五、延伸案例 …………………………………………………………………………… 88
　　六、学习建议 …………………………………………………………………………… 90
第三节　职业生活中的法律 ………………………………………………………………… 90
　　一、学习重点 …………………………………………………………………………… 90
　　二、典型案例 …………………………………………………………………………… 91
　　三、案例思考 …………………………………………………………………………… 91
　　四、案例点评 …………………………………………………………………………… 91

五、延伸案例 ………………………………………………………… 92
　　六、学习建议 ………………………………………………………… 93

第七章　学习法律知识　建设法治体系 ……………………………… 94
　第一节　法律及其历史发展 ……………………………………………… 94
　　一、学习重点 ………………………………………………………… 94
　　二、典型案例 ………………………………………………………… 94
　　三、案例思考 ………………………………………………………… 95
　　四、案例点评 ………………………………………………………… 95
　　五、延伸案例 ………………………………………………………… 95
　　六、学习建议 ………………………………………………………… 97
　第二节　我国的宪法 ……………………………………………………… 97
　　一、学习重点 ………………………………………………………… 97
　　二、典型案例 ………………………………………………………… 97
　　三、案例思考 ………………………………………………………… 98
　　四、案例点评 ………………………………………………………… 99
　　五、延伸案例 ………………………………………………………… 99
　　六、学习建议 ………………………………………………………… 103
　第三节　建设中国特色社会主义法治体系 ……………………………… 103
　　一、学习重点 ………………………………………………………… 103
　　二、典型案例 ………………………………………………………… 103
　　三、案件思考 ………………………………………………………… 107
　　四、案例点评 ………………………………………………………… 107
　　五、延伸案例 ………………………………………………………… 108
　　六、学习建议 ………………………………………………………… 109

第八章　树立法治观念　尊重法律权威 ……………………………… 110
　第一节　树立社会主义法治观念 ………………………………………… 110
　　一、学习重点 ………………………………………………………… 110
　　二、典型案例 ………………………………………………………… 110
　　三、案例思考 ………………………………………………………… 111
　　四、案例点评 ………………………………………………………… 111
　　五、延伸案例 ………………………………………………………… 111
　　六、学习建议 ………………………………………………………… 114
　第二节　法治思维与法律权威 …………………………………………… 115
　　一、学习重点 ………………………………………………………… 115

二、典型案例 …………………………………………………… 115
　　三、案例思考 …………………………………………………… 116
　　四、案例点评 …………………………………………………… 116
　　五、延伸案例 …………………………………………………… 116
　　六、学习建议 …………………………………………………… 118
　第三节　遵守公共生活中的法律规范 ……………………………… 119
　　一、学习重点 …………………………………………………… 119
　　二、典型案例 …………………………………………………… 119
　　三、案例思考 …………………………………………………… 121
　　四、案例点评 …………………………………………………… 121
　　五、延伸案例 …………………………………………………… 121
　　六、学习建议 …………………………………………………… 123

第一章 适应新生活 把握新阶段

第一节 熟悉并适应大学生活

一、学习重点

大学是人生道路上一个新的起点。大学生活展现给莘莘学子的是一种全新的感受。然而，刚刚从中学跨入大学校门的新同学，往往会有诸多不适，从而导致身心失衡，引起烦恼与困惑，而如何克服这些烦恼与困惑，尽快适应大学新生活，就成为同学们迈好大学生活第一步、顺利成才所要解决的首要课题。通过本节学习，可以帮助学生充分认识到大学是人生发展的重要时期，让他们珍惜大学的美好时光，尽快适应大学生活，实现角色的转变，指导他们走好大学之旅的第一步；掌握大学特别是高职教育的特点，树立现代学习理念，构建合理的知识结构，提升创新能力。

二、典型案例

一封写给团组织的信

敬爱的团组织：

当我怀着万分激动的心情从我那贫困的家乡来到繁华的首都上学时，除去成功的喜悦外，更多的却是囊中羞涩的窘迫。

确实如此。初三那年，父亲就一直不同意我报考高中，而是希望我报考中专，最好是师范，以便能尽早参加工作，减轻家庭的负担。我当然能理解父亲的心情，家中的经济条件我也清楚：家里的房子是20世纪的，曾经历过1997年那次洪水的袭击，全村同一时代甚至年代相对更晚一些的房子都在洪水中销声匿迹。它虽然幸存下来了，但也已经伤痕累累。父母都是贫苦的农民，能支持两个孩子同时读完初中，翻看我们村子的历史，确实为数不多。而我硬是违背了他们的意愿，报考了高中。当他们劝阻时，我赌气要扯下屋子里满墙的奖状，塞到火炉里让其化作灰烬。爸爸和妈妈终于屈服、让步了。十多年来，他们唯一的精神寄托不就是那满屋金光闪烁的奖状吗？

高中的三年，熬白了爸妈头上的乌发，压弯了他们曾经坚挺的脊梁，40多岁的人看起来有60多岁。虽说男儿有泪不轻弹，但每当看到他们刀刻般的皱纹和霜染似的白发时，我心如刀绞。我后悔：如果时光能够倒转，我一定会在初三时尊重他们的意愿，去当一名小学教师，或者像村里的其他人那样辍学做一个打工仔。然而时至今日，我除了沿着自己选择的道路奋勇前进外，已经别无选择。

我也许没有辜负父母的期望：今年我和弟弟都考上了大学——可谓双喜临门。父母那阴沉了三年的脸终于绽放出了笑容。然而，笑容是那么的短暂，几乎让人无法觉察。双喜临门？不，是双苦临门——兄弟俩开学近万元的学费和生活费如何筹集？刚刚消散的愁容又再一次遮掩了父母的脸庞。我清楚地记得，在我接到录取通知书那天，爸爸只说了一句话："该来的总会来的……"是的，该来的总会来的！

村里人有的说我们哥俩是村里的福星，因为我们哥俩给父母在村里人眼中争光了；有的说我们是灾星，因为18年来，我们已经吮尽了父母的血汗，压弯了他们的腰。现在我们已经长大成人了，却还不得不继续吮吸下去。时至今日，父母依然盼不到直腰的日子。

正当我们全家一筹莫展的时候，几千元现金无声无息地塞到了我的手中。乡亲们都不富裕，更谈不上阔绰，许多人也同样是勒紧裤带过着紧巴巴的日子，可是……

尊敬的团组织，我应当如何去感谢我的亲人、感谢我的父老乡亲们？他们给予了我人生的第二次生命。从那一天起，我就暗暗下定决心，他日不功成名就，无颜再见家乡父老！

我来了，来到了首都，来到了我向往中的大学，带着憧憬、带着父母的嘱托、带着家乡父老的一片希望……

然而，眼前的大学让我欣喜、让我忧，我由此陷入了迷茫与惆怅。美丽的校园、漂亮的教学楼、宁静的图书馆、摆满各种先进仪器的实验室……这一切都让我这个只见过锄头和铁锹的农村娃感到无比兴奋：我真的走进了梦境中的知识海洋和科学殿堂吗？曾记得中学的老师这样告诉我们："你们现在要努力学习，刻苦刻苦再刻苦，中学是苦水里泡出来的，大学是在糖水里泡着的。"现在高年级的师兄师姐们也以同样的口吻告诉我："大学学习很轻松，混混就有60分。"呵，难怪宿舍常常牌桌高垒、餐馆里猜拳行令、校园里成双成对……敬爱的团组织，我真的可以歇一歇了吗？我感到矛盾和困惑。雄心勃勃的我难道真过于天真了吗？我仿佛失去了自己的目标，如同一艘迷失了航向的小船，在茫茫的大海上漂荡。一个月来，我一直在苦苦地寻觅。终于，上个星期天，我找到了从前的自己。

那天我去另外一所大学找高中同学，发现她正伏案苦读。她告诉我，她想专升本。为了实现这个目标，她几乎牺牲了所有的节假日。她还自豪地告诉我，她在军训中获得了优

第一章　适应新生活　把握新阶段

秀个人奖。那一刹那，我被震撼了，她的思想、她的精神、她的毅力和她那种永远向上的志气，不正是我所缺少和需要的吗？

我感谢她，像感谢以往的许多诤友一样。在我人生的道路上，有许多朋友给予了我真诚的帮助，我永远地感激他们，他们的肺腑之言我将永远铭记在心中。

回来后，我认真地作了一番思考。虽然大学之梦已圆，但需要我去争取的还有很多——奖学金、三好学生……这些还不是最主要的，而最紧要的是如何充分利用大学这几年有限的学习时间，以便多学到一些知识，以报答生我养我的父母和鼎力支持我的父老乡亲，以报效培育我的党和养育我的祖国。

尊敬的团组织，请您放心，我决不会辜负组织对我的期望，为了灿烂的明天以及美好的未来，我将朝着我的目标一如既往地奋斗下去！

2010001 班　王×
2010 年 10 月 5 日

三、案例思考

1. 通过王×给团总支的这封信，我们看到大学生存在什么样的问题？
2. 面对这些问题，我们应该引导大学生树立怎样的学习观？

四、案例点评

1. 本案例是某大学一名 2010 级新生写给团组织的思想汇报。这是一份充满肺腑之言的大学一年级学生的思想汇报。像小王一样，上大学读书深造是无数青年梦寐以求的愿望，能够迈进大学校园，无疑是幸运的。但是，和中学相比，由大学生自己支配的时间多了，一些学生在充裕的时间面前感到无所适从，再加上在部分学生中流行的"60 分万岁"的错误观念的影响，使许多像小王一样雄心勃勃的大学新生"仿佛失去了自己的目标，如同一艘迷失了航向的小船，在茫茫的大海上漂荡"，发出了"我真的可以歇一歇了吗"的慨叹。

如同案例中所反映的，多少年来，学校、家庭对学生的教育都是：好好学习，长大要考大学。从小学到初中，再从初中到高中，考大学成了所有学生的唯一目标。但是，考上大学之后又该怎么做？似乎讲得太少了，致使很多人以为"中学是苦水里泡出来的，大学是在糖水里泡着的"，把大学看成混文凭的地方。这种带有普遍性的想法给高校思想政治工作提出了亟待解决的问题。

2. 要引导大学生树立正确的学习观，使他们端正学习态度，明确学习目的，不浪费宝贵的大学时间。应该从以下几个方面谈起。

（1）应从大学新生入学起就对他们进行树立正确学习观的教育。考上大学固然可喜，但绝不意味着从此可以过悠闲的日子了。大学生应该坚定这样一个信念：我上大学的目的是学习知识，增长才干。大学是学者荟萃、知识密集、藏书丰富、学术气氛浓厚的地方，每个大学生都应该充分利用这有利的条件来充实和提高自己，一旦走向社会，就很难再有这样好的学习条件和专门的学习时间了。学生的天职永远是学习，每一位大学生都不应忘记这一点。

（2）要让大学生懂得，大学不仅是传授知识的场所，更是培养能力的地方。所以，进入大学，不能有松口气的念头，而是应该更加努力，在吸取知识的同时，培养分析问题和解决问题的能力。有些书本知识可能在几年以后就陈旧了，但能力永远也不会过时。大学教育绝不仅仅是教会学生某种立足社会的职业技能，而且是在教会学生实用知识的过程中，传授给学生获取知识和信息的方法，培养学生分析问题、解决问题的能力。所以，大学期间不仅没有时间"歇一歇"，反而更应该抓紧一切时间学习。

（3）要引导大学生学会支配时间。充足的自学时间是大学的教学特点之一，思想政治教育工作应帮助学生尽快完成从中学生到大学生的角色转变，教他们学会自己支配时间、驾驭时间，适应大学的学习方式和生活方式，而不是过分依赖学校的管理。

总之，大学时代相对一个人的整个生命而言只不过是短暂的一瞬，但这个阶段又往往决定一个人一生的发展方向和成就的大小，所以，我们应让大学时代过得充实、有意义。

五、延伸案例

案例一　神童屡屡被退学

近年来，相继有两起"神童退学事件"被媒体曝光：17岁考上中国科学院高能物理所硕博连读的魏某，19岁时，因生活自理能力太差，知识结构不适应中科院的研究模式被退学；而14岁考入沈阳工业大学的王某，却因为多门成绩零分，也被学校"责令退学"。

1983年出生的魏某，2岁就掌握了1 000多个字。在小学只上了二年级和六年级，1991年10月，8岁的魏某就跳到了县属重点中学。从此，在魏某的生活中，除了学习，还是学习，没有伙伴，也没有玩具。13岁时，魏某又以高分考进湖南某大学物理系，成为当地公认的"神童"。

在大学4年里，魏某的妈妈曾某一直都在学校陪他。魏妈妈说，为了让孩子专心读书，所有的家务她都自己做了，包括给魏某洗衣服、端饭、洗澡、洗脸，为了不耽误魏某在吃饭的时候看书，他读高中的时候，魏妈妈还亲自给他喂饭。

2000年，17岁的魏某考上了中科院高能物理研究所的研究生，这一次，魏妈妈不能跟在他身边。魏某离开妈妈，无法安排自己的学习和生活。他想去天安门参观，大冬天都不知道换衣服，穿着单衣、趿着拖鞋去天安门逛了一圈。这样的事情发生多了，魏某感到实在不能适应没有妈妈照顾的生活。2003年8月，已经上了3年研究生的魏某从中科院肄业回到了老家。2004年，魏某曾经几度离家出走，最长的一次出走了39天。

曾被誉为"神童"的东北男孩王某从小聪明好学，小学三年级时以优异的成绩考进东北育才中学少年班。2001年8月，只有14岁的王某以572分超出一本录取分数线60分的优异高考成绩，考进沈阳工业大学自动化专业。

然而，王某入学后的成绩却一直处于末流，大一时三门以上课程不合格，学校要求他在大二的时候重修大一课程，此后的大学4年时间，各门功课也陆续亮起红灯。在毕业考试中，除英语外，其他学科他选择了弃考，由于仅有英语一科合格的毕业成绩，王某被学校"责令退学"。

王某的父母都只是普通工人，家庭经济并不好，为了让王某能够顺利完成大学教育，父亲每天打两份工。在王某考上大学的时候，他的父亲却因积劳成疾去世了。王某说，自父亲过世后，他就学不进去了。回家后，王某每天都在刻苦复习大学的课程，希望学校能再给他一次机会。

案例二　萧雷退学事件

萧雷是上海的一名大学生，可他仅在上海待了半年，就要离开学校出家，而且希望到荒无人烟的原始森林里面去修炼。他的同学感到他的想法太古怪，以为他心理出了毛病，于是将情况汇报给了心理咨询老师。心理医生约了他，通过心理测验及谈话，判断他的心理是正常的。

在同学、辅导员、系领导苦口婆心劝说无效的情况下，学校不得不请来了他的父亲。父亲萧平贵是位农民，为了供养儿子上大学，已经欠了几千元的债。此次到上海，因为他没有体面的服装连衣服鞋子都是借别人的。他听说儿子竟然想出家，差点被气死。对他这样的农民来说，儿子生病或者出交通事故死了，尚可以理解，但儿子要出家，他无论如何也想不通。萧平贵一把鼻涕一把泪向儿子强调读书的重要性，希望儿子回心转意。然而，萧雷最终还是独自去了九华山。在他出家的前几天，他与心理医生有过几次深入的谈话。心理医生原本想劝他珍惜大学的学习机会，后来也理解了他的想法。原来萧雷从小学到高中，一直在一个山清水秀的小县城度过，清泉、幽谷和清新的空气一直陪伴着他。而大上海车水马龙，噪声、污染的空气令他头昏脑涨，难以忍受。在不适应上海环境的同时，他又看了一些佛教方面的书，于是萌发了到清凉世界过没有烦恼的生活的念头。

萧雷在九华山生活了半年之后，发现出家人的生活与他想象中的生活仍有一定的距离，于是，他决定结束独伴青灯古佛的生活，重新求学，到尘世中滚爬。

案例三　倪润峰的成功之路

目前，我国是世界上最大的彩电生产基地，而长虹在国内彩电市场上占有很大的份额。长虹自1985年以来的发展历程，是以倪润峰为首的长虹经营班子的成功，是对一次次市场机遇及时、准确把握的结果。倪润峰执掌长虹的十多年，是长虹快速发展和壮大的十余年：长虹品牌价值迅速攀升至261亿元，位居中国电子行业第一（2001年）；企业净资产从1984年的0.4亿元增长到142亿元，增长350多倍；实现销售总收入1 135亿元，上交国家税收80多亿元。作为一个时代的高峰，从某种意义上说，倪润峰已成为中国改革开放20多年来，特别是1992年确立社会主义市场经济以来中国优秀企业家的象征。分析倪润峰成功的原因，在于他具有强烈的市场意识，对市场信息的反应敏锐，善于抢占先机。有人说他运气好，其实不尽然。倪润峰的"好运气"主要建立在他有合理的知识结构的基础之上，合理的知识结构使他把握机遇的能力非同凡响。1989年，倪润峰从电视新闻中捕捉到这样一条信息：中苏两国外长在新疆会晤。倪润峰立刻想到这是中苏两国关系打破坚冰，实现正常化的信号！继而又推断，两国关系的正常化必然会推动经贸关系的发展，边境贸易会迅速升温。有了这样的判断，倪润峰立刻指示销售部门：加大长虹在东北，尤其是哈尔滨的宣传力度，多设网点，增加人员。这一招的效果立竿见影：哈尔滨的"长虹热"吸引了苏联人的注意，苏联人专门派出代表团远赴四川绵阳与长虹洽谈，意欲引进长虹的生产线。此事虽然因各种原因未果，但长虹彩电却一路顺风，打进了"独联体"市场。倪润峰认为，学理工的人如果不懂点政治、经济和文化，那么就像人少了一条腿，成不了大气候。一个企业家，应该是经济学家、外交家、心理学家和社会学家。他经常挂在嘴边的一句话就是："社会主义企业家不是政治家，但企业家要关心政治。对于国家的大政方针，你必须站在政府的角度来考虑，才能取得成功。"

学科交叉、文理渗透已成为时代发展的必然趋势。精通专业又知识广博的人，才是时代最需要的人才。青年大学生要把握好机遇。必须以合理的知识结构为后盾，即便是理工科大学生，也应该学习基本的人文知识，形成合理的知识结构。

六、学习建议

从中学到大学，这是人生的重大转折。大学生活的重要特点表现在：生活上要自理，管理上要自治，思想上要自我教育，学习上要求高度自觉。尤其是在学习的内容、方法和要求上，比起中学的学习发生了很大的变化。要想真正学到知识和本领，除了继续发扬勤奋刻苦的学习精神外，还要适应大学的教学规律，掌握大学的学习特点，选择适合自己的学习方法。大学的学习既要求掌握比较深厚的基础理论和专业知识，还要求重视各种能力的培养。大学教育具有明显的职业定向性，要求大学生除了扎扎实实掌握书本知识之外，还要培养研究问题和解决问题的能力。因此，大学生要特别注意自学能力的培养，学会独立支配学习时间，自觉、主动、生动活泼地学习。还要注意对思维能力、创造能力、组织管理能力、表达能力的培养，为将来适应社会工作打下良好的基础。

第二节　培养重德崇法意识　提高道德法律素质

一、学习重点

通过老师讲授，学生要了解道德与法律的起源，进而掌握道德与法律的内涵及功能，最终明辨两者之间的关系，养成自觉遵守道德与法律的习惯，并将这种习惯贯穿于自己生活学习的方方面面，努力提高自身的道德修养与法律素质。

二、典型案例

"90后"父亲为救儿子抢劫银行

近日，在浙江新安某医院儿科重症监护室中，医生俯在童童（化名）身旁，唤着他的名字。童童有些反应，轻轻地转头，侧向有声音的一边。

2013年5月7日，快两岁的童童因被樱桃核卡住气管太久而引发脑积水，住进了重症监护室。因为没钱治疗，他的妈妈离家出走，他的爸爸抢劫银行，被追究刑事责任。

（一）一颗樱桃引发的灾难

23岁的陈某，身体瘦弱，长得斯文，要不是早早做了父亲，他和大部分"90后"青年没有太多不同。

而这起银行劫案，正是和儿子童童有关。童童还差两个月满两周岁。他本是个活泼的孩子，长得虎头虎脑，眼睛炯炯有神，显得特别机灵。

就在5月7日，一颗樱桃差点要了童童的命。童童一直爱吃樱桃，疼爱他的奶奶时不时会买些回家给他吃。奶奶泣不成声地说，那天，和平常一样，她拿樱桃给他吃，不知道怎么回事，他突然好像不舒服了……

童童是被樱桃核卡住了气管。童童先是被家人送到海宁的医院，因为医院没有取出樱桃核所需要的专用设备，童童又被送到杭州救治。

在杭州的医院，樱桃核被成功取出，可因为气管堵塞时间太长，童童大脑一度缺氧，需要在重症监护室治疗。仅在杭州医院待了10来天，就花去4万多元，陈家人决定把童童带回海宁看病。

(二) 一次"业余"的抢劫

2013年6月11日上午10点4分，陈某骑着电瓶车，来到海宁××路上的一家银行。站在门口，陈某犹豫良久，进进出出了四五趟。

最终，这个年轻的父亲按捺住内心的恐惧，从电瓶车里拿出菜刀和扳手，准备赌一把。

10点13分，见银行大厅顾客很少，陈某把扳手和菜刀藏在身后，冲进门里，直奔柜台，壮着胆子喊出"抢劫"二字。保安稍稍一愣，看出"劫犯"内心的虚弱，一边打招呼："来来来，小伙子，你干什么？"一边走上前去，停在小陈面前两米多远的地方，淡定地与他对峙。"我不干什么，我只要钱，抢劫啊！"慌乱中，陈某已经语无伦次。

柜台玻璃后的柜员，听到这句话后，迅速把台面上的百元大钞收进抽屉，让同事偷偷报了警。陈某阵脚更乱了，他围着柜台漫无目的地走了几步，用刀柄轻敲了几下厚厚的玻璃，又试图从玻璃下方的凹口伸手进去。

"我要砸了啊，我要砸了啊，我抢劫啊！"陈某开始恐吓保安和柜员，但声音中带了几分哭腔。"出去，到外面去，你给我到外面去。"保安反倒更强硬了。"我就要钱啊！呜！"陈某如孩子耍赖般，倚着墙壁，哭了起来。保安知道抢劫银行是重罪，为了帮助陈某，便不停地劝慰他，甚至还说要借钱给他，"你有什么困难，你说出来。"陈某没有继续砸玻璃，也没有拿刀伤害人，但也不肯说到底有啥困难，只是固执地哭喊着要钱："我就要柜台里边的钱。"10点20分左右，警察赶到，陈某放下菜刀和扳手，被警察带走。

(三) 一个年轻的无奈的父亲

陈某说，"孩子看病花了三四万元的医药费，这些钱是东拼西借来的，我妻子因为小孩看病没钱，也离开了我。那时候没钱，也没多考虑，但现在医院里面又要钱，没钱的话，要停药；停药的话，孩子就没救了，我心里只有'钱'这个字，就想到去银行抢。本来我是想拿着菜刀去吓吓他们，吓住了，叫他们给钱，这样应该容易一点。结果一进去，他们很淡定，没有理我。我叫他们给我钱，他们不给，那就没用了。"

虽然抢银行是重罪，但考虑到陈某是抢劫未遂，另外，他未给银行造成损失，2013年8月28日，法院依法酌情轻判，以抢劫罪判处有期徒刑3年6个月，并处罚金3 000元。

(四) 一场救命的爱心救助

在这种情况下，照顾童童的重担就压在了爷爷奶奶的身上。为了还上孙儿看病借来的钱，老人每天到工地上做钢筋工，每天工作9小时，赚180元。

因为没钱被迫回到出租房的童童十分坚强，病情不但没有恶化，还慢慢好转了。他开始有了哭声，知道要吃的东西……顽强又可怜的童童引来了全社会的关爱，不断有好心人送来爱心款。

9月2日，浙江新安某医院副院长带领各个科室的专家，到陈家给童童评估病情。9月3日，救护车来到陈家的出租屋外，把童童接走，收治入院。儿科主任助理孙某说：

"虽然治疗没几天，但病情在往好的方向发展，虽然会恢复到什么样还是未知数，但我们会尽力，希望他将来起码能在生活上有自理能力！"

三、案例思考

你认为上述案例反映出道德与法律之间的关系是什么？

四、案例点评

道德和法律作为两种社会规范，相辅相成，规范和引导着社会主体的心理意识和行为，调整人与人、人与社会之间的社会关系。在本案例中，陈某抢劫犯罪的动机是为了救自己的孩子。作为父亲，在自己的孩子身患重病的情况下对孩子不离不弃，这种父爱感动我们每一个人，这是道德所提倡的，陈某是一位好父亲；从法律方面考虑，陈某在为了解决自己孩子治病所需医药费时，选择了抢劫银行，这种行为侵犯了他人的财产所有权，属于犯罪，要受到法律的制裁。这则案例告诉我们，任何人都不能通过犯罪的手段来达到自己所追求的目的，无论这种目的是否合理。请大家一定要养成良好的道德习惯，提升自己的法律意识，自觉遵守法律。

五、延伸案例

案例一　小善举改变大世界

大约在100年以前，有一天，灿烂的阳光普照着大地，一位富裕的勋爵带着他的儿子来到美丽的苏格兰乡下，享受着大自然恩赐的美妙风光。游览了一天的勋爵觉得有些累了，回到别墅休息时，嘱咐年幼的儿子不要到处乱跑，以免发生不测。可调皮的儿子还是迎着夕阳一蹦一跳地渐渐远去，跌倒在原野里的沼泽中。毫无思想准备的小男孩在挣扎中越陷越深，他那惊恐的呼救声在空旷的原野里显得那么软弱和无力。

正在这个时候，一位衣衫褴褛的中年农夫气喘吁吁地冲到小男孩跟前，告诉他："孩子别怕，千万别乱动，你双手紧紧地抓住我伸出去的木棍！"说着，农夫谨慎地向前移动着，尽可能更接近小男孩一些。不一会儿，小男孩得救了。

第二天，一辆豪华的马车停在这位农夫干活的田头，农夫并不觉得这与自己有什么关系。当一位高贵的勋爵非常诚恳地向他致谢时，农夫才知道是他昨天搭救的男孩的父亲，这位父亲今天亲自向他表示感谢来了。农夫觉得很奇怪，这是举手之劳啊，何必这般大动干戈。勋爵执意要给农夫一大笔酬金，农夫却说什么也不接受。正在这时，勋爵突然发现田间还有一个脏兮兮的和自己独生子年龄相仿的小男孩在自娱自乐,勋爵灵机一动,向农夫提出了一个新的建议:"要不我把您的独生子带走,让他在伦敦接受和我儿子一样的教育,尽可能使他成长为一位有用的人才!"农夫想了想,答应了勋爵的这种资助。

30年后,农夫的独生子发明了青霉素,他就是伟大的弗莱明,而那个被农夫搭救的小男孩则成了英国著名的首相,他就是丘吉尔。两人以不同的方式改变了世界:弗莱明使人类的平均寿命提高了10年以上;丘吉尔不仅使英国经济飞速发展,而且加快了法西斯和纳粹灭亡的进程。

正因为有了儿时的那段经历,尽管两人所走的道路完全不同,成年以后也没有太多的来往,但是,丘吉尔和弗莱明的友情一直延续着,并且得到了无限的升华。丘吉尔做首相不久,不幸患上了肺炎,多方医治收效甚微,连丘吉尔本人一度也对未来的生活充满了悲观。这时,有人向首相推荐一种叫青霉素的新药,由于青霉素尚处于试验阶段,医生们也没有十足的把握断定这种药会治愈首相的顽症,丘吉尔也十分反感把他当作"试验品"。可是,当丘吉尔得知青霉素的发明者是弗莱明时,他说:"如果是弗莱明的杰作,我倒愿意试试。在我小的时候,他父亲曾救过我,我想这一次,大概轮到他来救我了,或者说我要用这种方式来帮助他吧!"让大家感到惊奇的是,首相用了弗莱明的青霉素后,很快就奇迹般地恢复了健康。

因为丘吉尔,青霉素几乎是毫不费力地迅速推向了全世界,为全世界人民的健康做出了不朽贡献。

世界上的总统不少,可出色的并不多,而青霉素的发明者也只有一人。假如弗莱明的父亲没去救那个小男孩,就不可能有伟大的首相丘吉尔,同时,弗莱明大概也不会因受到良好的教育而成为伟大的科学家;假如不是丘吉尔有儿时的经历,他大概不会如此相信弗莱明而无条件地为他试验新药,青霉素的应用也许要晚许多年。反之,假如不是青霉素,丘吉尔很可能过早退出世界历史的舞台,那么世界历史上的某一页恐怕会是另外一种写法。

一个小小的善举,居然有着如此神奇的连环功效,这是谁也不会预料到的。但有一点不可否认,勿以善小而不为,人生在世,多做善事好事,不会有错。

案例二 当代活雷锋——郭明义

郭明义,男,1958年12月生。1977年1月参军,1980年6月在部队加入中国共产党,曾被部队评为"学雷锋标兵"。入党30多年来,他时时刻刻发挥先锋模范作用,在每个工作岗位上都取得了突出的业绩。从1996年开始担任采场公路管理员以来,他每天都提前2个小时上班,15年中,累计献工15 000多小时,相当于多干了五年的工作量。工友们称他是"郭菩萨",矿业公司领导则以为郭明义使整个"矿山人"的精神得到了升华。20年献血6万毫升,是他自身血液的10倍多。1994年以来,他为希望工程、身边工友和灾区群众捐款12万元，先后资助了180多名特困生，而自己的家中却几乎一贫如洗。一家3口人至今还住在鞍山市千山区齐大山镇，一个80年代中期所建的，不到40平方米的单室里。

郭明义先后荣获了"齐矿先进生产者标兵""模范共产党员""矿业公司先进生产者""模范共产党员""鞍钢先进生产者""精神文明建设标兵""优秀共产党员""鞍钢劳动模范""鞍山市优秀义工""道德模范""无偿献血形象代言人""特等劳动模范""辽宁省道德模范提名奖""希望工程突出贡献奖""全国无偿献血奉献奖金奖""全国红十字志愿者之星""中央企业优秀共产党员"等荣誉称号。2008年7月1日，齐大山铁矿作出了《关于开展向郭明义同志学习活动的决定》。

郭明义说，30多年来，他经历了很多，但他的信念一直很明确：一个共产党员，要为党、为国家、为人民的事业奉献自己的一切，这是天经地义的，不需要任何理由！接触不同的社会群体，就会有不同的人生思考。他经常接触孤儿院的孤儿、上不起学的孩子、生活困难的职工，和他们相比，他就感觉自己非常富足，就非常想去帮助他们。雷锋的道路就是他的人生选择，雷锋的境界就是他的人生追求。让爱自然地流淌，流淌在上海这片红色的热土上。帮助别人，快乐自己。

郭明义总看别人还需要什么；他总问自己，还能多做些什么。他舍出的每一枚硬币，每一滴血都滚烫火热。他越平凡，却越发不凡；越简单，越彰显简单的伟大。

六、学习建议

在理解和把握道德与法律这两类社会规范的前提下，掌握两者在调整社会关系中所发挥的重要作用，努力提高自己的道德和法律素质，提高法治观念。课后多关注时事热点，用所学知识分析、解决社会现象中的道德失范问题，促进和谐社会的构建和法治社会的推进。

第三节　把握准则　规范自身行为

一、学习重点

为贯彻落实依法治国、人才强国战略，进一步适应和深化高等教育的改革与发展，满足我国全面建设小康社会和构建社会主义和谐社会对高层次人才的需要，2005年3月29日，教育部颁布了新的《普通高校学生管理规定》，其突出特点是体现了学生管理的人性化、民主化、法制化、科学化等现代管理思想，尤其是依法治校和学生权利主体的思想，更成为一大亮点和特点。学习本节内容，大学生要明确自身所享有的权利和应承担的义务，熟知高等学校学生的行为准则和规章要求，从而严格要求自己，规范自我行为，做一名合格的当代大学生。

二、典型案例

他丢了他的博士帽

一条惊人的消息先是在"底下"沸沸扬扬闹了几个月，2010年11月13日最终被捅上了报端：上海学界乃至全国学界颇有名声的34岁的H大学M教授，因6年前在博士学位论文中有严重剽窃行为，被校方宣布撤销其博士学位，取消其博士生、硕士生导师资格，停止其国家超细粉末工程中心负责人、国家超细材料反应工程开放实验室主任、H大学技术物理研究所所长的职务。

M年轻，有才气，多年前凭实力从湖北考入H大学。曾7次获得国家教委科技进步二、三等奖，既无宵小之徒的猥琐，也非不学无术之辈。那么，他缘何入此歧途，做出那些为人不齿的行为呢？

上海有关方面明确告知，M有悖科学道德行为的暴露，是2010年6月H大学领导第一次收到Q大学一位教授提供的翔实检举材料开始的。学校立即组成了包括两位院士、材料和化学学科资深博士生导师在内的专家组调查此事，经过认真审核，该学校学位委员会认为检举情况属实，并作出决定指出：M的博士学位论文从模型、数据到表述方法存在着非常严重的剽窃现象，其抄袭是有意的、大范围的、系统的，抄袭程度前所未见，性质极其严重，且本人不能正视剽窃事实，其科研道德败坏的行为对博士学位条例是一种极大的蔑视。

三、案例思考

从M事件的发生我们可得到哪些启示？

四、案例点评

M事件的发生虽然反映的是学术造假的问题，但最主要的还是年轻人如何对待做人与做学问的关系问题。M原本是个有才气的人，也因此受到了重用，但他却陶醉在虚假的成就感里而忘记了做人的原则，致使他的人生之路误入歧途。

考察这一事件的始末，从反面说明了对大学生、研究生乃至所有青年人进行人生观教育的重要性。人生观是人们对人生目的、人生理想和人生意义的基本看法以及对人生所持的基本态度，它从根本上决定和影响着个人的出发点和归宿。青年人正处于规划人生的关键时期，如果不能把握人生的方向，就难免走错路。M做出了有悖科学道德的行为，从根本上说，是他没有树立正确的人生观，没有摆正做人与做学问的关系。对一名从事科研工作的人来说，做学问当然非常重要，但做学问是建立在做人的基础之上的，绝不能为了做学问而忘记了做人。更何况，没有做好人，也难有好的学问。M的悲剧正在于他违背了做人的道德，所以在学问上也干出了不道德的事。虽然事情的发生有客观上拔苗助长的原因，但主观根源还需从自身来找。如果M能够端正人生态度和目的，不图虚名，扎扎实实做学问，他仍然可以取得好的成绩，而不必吞下处分这颗苦果了。本案例给高校思想政治教育提出了如何帮助青年学生摆正做人与做学问的关系问题。

五、延伸案例

案例一　学生打架斗殴案例

1. 2010年10月，杜某经过学校篮球场并与同行的其他同学开玩笑，正在打篮球的宋某听到误以为自己被讥讽，产生误会，进而发生争执、打斗，在此过程中，杜某眼睛被打肿。事后在和解的过程中，又因杜某的同学吴某出言不慎与樊某发生争执，双方发生打斗，樊某被打出鼻血。彭某、蒋某、周某、李某等人得知此事之后，便找到吴某，又发生斗殴事件。根据《××大学学生违纪处分实施细则》第××条的规定，决定给予吴某、彭某、蒋某、周某、李某记过处分，给予宋某留校察看处分。

2. 2010年6月，唐某、常某发生口角，唐某的同学于某用手推了常某，常某便用木棍将于某的头部打伤，此时，唐某没有劝解，反而持球杆将常某打伤，直到被在场人员制止。其后，双方又邀集人员在教学楼处发生争执，引起很多同学围观、起哄。在老师的及时制止与协调下，才避免了事态的进一步扩大。此事严重扰乱了学校的正常秩序，在同学中产生了极坏的影响。根据《××大学学生违纪处分实施细则》第××条的规定，唐某、常某的行为已经构成打架斗殴，造成他人伤害事故，并在学生中造成恶劣影响，学校决定给予唐某、常某记过处分。

> **警示**：在大学生的打架斗殴案件中，学生的法治观念淡薄，意气用事，缺乏个人修养，自控能力差，因而丧失理智，引发事端，直至造成打架、斗殴等人身伤害案件的发生。希望同学们加强个人修养，珍惜学习机会，开阔心胸，遇事冷静，以理服人，遵纪守法。

案例二 赌博案例

2012年5月7日晚,李某、夏某、王某、雷某在学生宿舍打麻将,刘某、蒋某、于某与校外一人在另一学生宿舍打麻将(均带赌博性质),于次日凌晨被巡视的老师查获。李某、夏某、王某、雷某、刘某、蒋某、于某等7人的行为构成了赌博,并且事件发生在学生宿舍,影响面大,情节严重。根据《××大学学生违纪处分实施细则》第××条的规定,决定对参与赌博的这7名学生给予记过处分。

> **警示**:一些大学生法治观念淡薄,组织纪律性差,在社会不良风气的影响下,极易染上赌博等恶习,或做出其他违反校纪校规的行为。有的学生交友不慎,被社会上一些违法分子引诱,无视校规校纪,公然在宿舍里打麻将赌博,有的还屡抓屡犯,这种做法对己对人都是百害而无一利的。

案例三 考试违纪案例

1. 2010年12月,在"全国大学生英语四级考试"中,某大学计算机科学学院2008级计算机科学与技术专业学生戴某、商学院2008级财务管理专业学生王某以及土木建筑与力学学院2008级城市规划专业学生李某等使用移动电话作弊,被监考、巡考老师发现并查获作弊工具。根据《××大学考试纪律及违纪认定实施细则》第××条的规定,经监考和考务人员认定,上述同学的行为属于"考试严重舞弊"。根据《××大学学生违纪处分实施细则》第××条的规定,经学生工作领导小组会议决定,分别给予上述3名学生开除学籍处分。

> **警示**:大学英语四、六级考试是重要的国家级英语能力考试,《××大学学生违纪处分实施细则》对此有非常明确的违纪处分条文,同学们切不可对此有任何的侥幸心理,以致酿成无法挽救的后果。考试,考查的不仅仅是一个人的知识、能力,还考查这个人的诚信品质和作风等综合素质。

2. 某大学2009级市场营销专业学生在2010年6月25日的《财经应用文》课程考试中,带手机进入考场,并在考试中铃声响起,影响整个考场。学校给予其严重警告处分。

某大学2009级理财专业学生,在2010年1月17日下午的《管理会计》课程考试中不按规定把教材放到指定位置,且不听从监考教师劝告。学校给予其警告处分。

警示： 影响考场秩序就是违反考纪。在自己考试的同时，请不要干扰其他同学的正常答题，损害他人的正当利益。

3. 某大学2009级国际经济与贸易专业学生魏某，在2010年7月5日下午的《高等数学Ⅱ》课程重修考试中，请外校学生代替考试。学校认定其为严重舞弊违纪，给予其开除学籍处分。

某大学2009级高分子材料与工程专业学生李某，在2020年7月8日的《聚合物材料》课程考试中，把与考试内容有关的资料抄在桌子上。学校认定其为考试舞弊，给予其记过处分。

警示： 考试不是目的，只是促进学习、检查学习、选拔人才的手段；任何一项考试，都应是公平、公正的。只有严肃考风考纪，才能真正达到考试的目的。作为一名考生，应当把"功夫"用在实事求是答卷上，用个人实力答卷，"以诚实信用为荣"，创诚信校园，树诚信学风，成为诚信学子，远离舞弊。

案例四　火灾案例

2012年3月，某大学机电学院某女生回寝室后，欲烧热水饮用，但又急于处理其他事情，精力被分散。匆忙中，将放在饮水机旁的"热得快"电源插头当作饮水机电源插头插进电源插座。因"热得快"在无水条件下干烧而引起火灾，将附近的饮水机及其他物品烧毁，火势蔓延中冒出大量浓烟，被对面楼上的同学及时发现并报案，有关人员迅速赶到，将大火扑灭，但寝室已经被烧得面目全非。

警示： 学校出于对同学们人身财产安全的考虑，三令五申要求广大同学不得使用大功率电器。近几年，学生公寓发生的火灾事件，基本与同学们违规使用"热得快"等大功率电器有关。因此，希望同学们能自觉停止在公寓使用违规电器，珍爱健康，珍爱生命，切不可存在放任和侥幸心理。

案例五　人身伤害案例

2011年3月，某大学管理系某学生，凌晨一点半左右，独自一人到校园外公寓后街买零食，遭遇两歹徒对其实施抢劫，搏斗中被连砍7刀，造成严重伤害。幸亏被及时送往医院，经抢救挽回了生命，但留给该同学心理的创伤是刻骨铭心的。

> **警示**：在夏季到来时，有部分同学喜欢到校外商业经营场所如网吧、游戏厅等场所游玩，甚至参与赌博，彻夜不归。这些不良习惯易滋生事端，加之校园周边安全环境非常复杂，存在着诸多不安全因素，希望同学们认真遵守校纪校规，珍爱生命财产安全，杜绝晚归、不要在校外留宿，戒除不良嗜好。

六、学习建议

建议学生在学习本节后，利用课余时间认真学习《普通高校学生管理规定》，了解大学生在校期间的权利和义务，规范自身的行为。

第二章 追求远大理想 确定成才目标

第一节 理想信念是大学生成才的动力

一、学习重点

本章主要概述了科学的理想信念的基本内容，引导大学生追求远大理想，坚定崇高信念，在为实现社会理想而奋斗的过程中实现个人的理想，使自身成长成才，不辜负国家和人民的殷切期盼，实现中华民族的伟大复兴。学生应重点掌握理想信念的含义以及人生理想的类型，明确理想信念对大学生成长成才的重要作用，理解理想和现实的关系，从而树立科学的理想信念。

二、典型案例

成功的背后

俞敏洪曾经两次高考落榜，作为一个农民的孩子，离开农村到城市生活就是他的梦想，而高考在当时是离开农村的唯一出路。尽管生活条件比较艰苦，俞敏洪仍在微弱的煤油灯下坚持学习。带着这样的梦想，他锲而不舍，最终考进了北京大学西语系。

大学毕业后，他曾经有过做大学教师的梦想，也曾有过出国留学的憧憬，但是，由于各方面的原因，做大学老师的梦想最终落空，赴美留学的憧憬也化为泡影，当然，与之同时失去的还有青春年华和生活的积蓄。

但是，这些挫折，并没有使他放弃追求事业和美好生活的理想，反而使他更踏实地追求理想。俞敏洪想到，实现理想要从现实出发，要发挥自己的专业特长，这一年他29岁，开始在一个叫东方大学的民办学校办英语培训班。

卢跃刚在他的《东方马车》一书中生动地描述了俞敏洪的这段创业经历：他在中关村

第二小学租了间平房当教室，外面支一张桌子，放一把椅子，"东方大学英语培训班"正式成立。第一天，来了两个学生，看到"东方大学英语培训班"那么大的牌子，只有俞敏洪夫妻俩，破桌子、破椅子、破平房，登记册干干净净，人影都没有，学生满脸狐疑。俞敏洪见状，赶紧推销自己，像是江湖术士，凭着三寸不烂之舌。好说歹说，才让两个学生留下钱。夫妻俩正高兴着呢，两个学生又回来了。他们心里不踏实，把钱又要回去了。

尽管困难重重，但他依旧没有放弃希望，凭着内心永不放弃的理想信念，俞敏洪的培训班渐渐有了起色。

到今天，新东方已成为中国最大的私立教育服务机构，在全国拥有25所学校、111个学习中心和13个书店，大约有1 700名教师分布在24个城市。

俞敏洪说："我希望能够用自己的行为和思想，为中国学生做更多的事，为中国教育做更多的事，为中国未来做更多的事。"

如今，新东方已经成为无数人梦想的发源地和实现梦想的场所。成千上万的人通过在新东方刻苦学习，圆了自己的留学梦。与新东方的英语培训一同冲向全国各地的，还有新东方精神。

新东方精神到底是什么？俞敏洪说："新东方精神是在痛苦之后决不回头的努力，在绝望之后坚韧不拔的追求，在颤抖之后不屈不挠的勇气，在哭喊之后重新积聚的力量。"

三、案例思考

1. 在本案例中，俞敏洪为什么能够成就新东方的辉煌？
2. 俞敏洪成功的故事，在学习方面对你有什么启示？

四、案例点评

这就是俞敏洪在学业和事业上有过许多挫折的经历。他走到今天的辉煌，原因就在于他没有因为挫折而停止对理想的追求。也正是因为他有坚定的理想，在面临困境时才没有退缩和放弃，勇敢地走了下去。

俞敏洪曾经在自己的一次演讲中说过：只要你是树的种子，即使你被踩到泥土中间，你依然能够吸收泥土的养分，自己成长起来。而这树的种子就是成为树的理想。一个拥有"成为树"的理想的人，就会成为树一样的栋梁之材。正是因为这理想，即使此一时我们被人压在底下，只要有理想在，我们就能够向着理想的召唤勇往直前，终有一日，能成就树的辉煌！

这就是理想对人的动力作用。

五、延伸案例

案例一　农民工的梦想

有这样一个故事：三个农民工在砌一堵墙。有人过来问："你们在干什么？"第一个人没好气地说："没看见吗？砌墙。"第二个人抬头笑了笑，说："我们在盖一幢高楼。"第三个人边干边哼着歌曲，他的笑容很灿烂很开心，说："我们正在建设一个新城市。"10年后，时间将三个人分出了层次：第一个人在另一个工地上砌墙；第二个人坐在办公室里画图纸，他成了工程师；第三个人，是前两个人的老板。

通过这个案例，我们可以发现，这三个人之间的差别是什么？

就是理想的有无和程度的高低。有高尚理想的人，才能成就一番大事业，因为他的精神境界是高于他人的。

对我们大学生来说，一定要树立崇高的、科学的理想信念，因为理想信念崇高的人，其精神世界必定是充实的，可能我们不是物质上的百万富翁，但是我们可以成为精神上的富有者。其实在我们这个时代，市场经济带来的功利意识，使很多大学生越来越关注物质和金钱。当然，对物质利益完全排斥的人是不现实的，但是一个过分关注物质利益的人，必定是庸俗的，因为超乎于物质利益之上的精神世界才是人区别于动物的根本之处。所以，我们要做一个精神高尚的人，用我们崇高的理想来抵御世俗世界里的黑暗和不完满，不断提升自己的精神境界。

案例二　沙漠中的苹果

一场突然而至的沙暴，让一位独自穿行大漠的旅行者迷失了方向，更可怕的是装干粮和水的背包都不见了。翻遍所有的衣袋，他只找到一个泛青的苹果。"哦，我还有一个苹果。"他惊喜地喊道。他攥着那个苹果，深一脚浅一脚地在大漠里寻找着出路。整整一个昼夜过去了，他仍未走出空阔的大漠。饥饿、干渴、疲惫却一起涌上来，望着茫茫无际的沙漠，有好几次他都觉得自己快要支撑不住了，可是看一眼手里的苹果，他抿抿干裂的嘴唇，陡然又添了些许力量。

顶着炎炎烈日，他已数不清摔了多少跟头了，只是每一次他都挣扎着爬起来，跟跄着一点点往前挪，他心中不停地默念着："我还有一个苹果，我还有一个苹果……"

3天以后，他终于走出了大漠。那只他始终未曾咬过一口的青苹果，已干巴得不成样子，他还宝贝似的拿在手中，久久凝视着。强烈的求生信念和希望把他拉出了死亡的边缘。

在人生的旅途中，我们常常会遭遇各种挫折和困难，但是不要轻易地说自己什么都没了，其实只要心中有一盏永不熄灭的信念之灯，就拥有继续前行的勇气和力量，握紧它，就没有穿不过的风雨、涉不过的险途。信念让我们变得执着，执着地行走、执着地跋涉、执着地追求最终的梦想。

案例三　毛泽东的《赠父诗》

毛泽东的父亲毛顺生要他去做生意，毛泽东却立志走出韶山去继续求学。经过自己的力争和亲友、老师们的劝说，父亲才答应他的要求。

在离家赴湘乡县（今湘乡市）立东山高等小学求学前夕，毛泽东提笔写了一首《赠父诗》，夹在父亲每天必看的账簿里。这就是：

　　　　孩儿立志出乡关，
　　　　学不成名誓不还。
　　　　埋骨何须桑梓地，
　　　　人生无处不青山。

这首诗是少年毛泽东走出乡关、奔向外面世界的宣言书，表明了他胸怀天下、志在四方的远大抱负，也正是因为有了这样的理想抱负，毛泽东才有了前进的方向。明确的方向能使人精神振奋，不管前进的道路多么曲折与坎坷，都能够使人透过迷雾看清灯塔的方向，永不迷失。

六、学习建议

本节主要针对的是理论问题，但必须理论联系实际。因此，建议结合案例进行学习，不可使理论脱离实际，成为空中楼阁。否则，会感到理想信念离自身生活遥远，进而难以引发学习兴趣。个人理想与学生实际状况结合紧密，因此较容易引发学生产生各种各样的困惑，甚至会出现一些两难选择，尤其是对于个人利益和社会利益的关系问题，要结合理论阐释和事例学习，切不可空泛地谈论社会理想，否则会由于空疏而使学生产生逆反心理、厌倦情绪。

第二节　确定成才目标　做好生涯规划

一、学习重点

本节主要讲述当代大学生的成才目标，职业生涯规划的意义、步骤和内容。学习本节，学生应重点掌握以下知识内容：大学生的成才目标、职业生涯规划的意义、职业生涯规划的步骤和主要内容、如何减少职业生涯规划中的失误。

二、典型案例

鲁迅弃医从文

1904年，鲁迅按照其医学救国的理想，进入日本仙台医学专门学校学习。他学习极为刻苦认真，深受他的老师藤野先生的赞许。但是，鲁迅没有想到，他学习成绩优异，竟会引起一些日本学生的嫉妒。在这些日本学生眼里，中国留学生是"低能儿"，是不能取得好成绩的。他们甚至认为，鲁迅之所以每回考试都是好成绩，是因为老师把考题透露给了他。他们看不起中国留学生，这使鲁迅的自尊心受到了很大刺激。

1905年，学校里发生了一件事，给鲁迅以强烈的震动：一次上细菌课后，放映纪录片，内容是宣传日本军国主义所谓"战绩"的。影片中有这样一组镜头，一个中国人被日本侵略者枪杀，而周围观看叫好的竟是一群中国人。这影片、这掌声都深深地刺痛了鲁迅，他在数月内吃不好饭、睡不好觉，为此曾一个人走进深山里放声悲歌。他翻来覆去苦苦思索：为什么有人对自己的同胞被杀害而无动于衷？他终于认识到："医学并非一件紧要事，凡是愚弱的国民，即使体格如何健全，如何茁壮，也只能做毫无意义的示众材料和看客……第一要事，是改变他们的精神。"由此，他毅然弃医从文（尽管他在医学上的学业已有成就），走上了用文学唤起中国人觉醒的道路。对祖国、对人民的深挚热爱，促使鲁迅做出了弃医从文的抉择，这一抉择使中国乃至世界文坛增添了许多光辉。

三、案例思考

1. 鲁迅为什么会弃医从文？
2. 在职业生涯规划方面，鲁迅的经历对你有何启发？

四、案例点评

当然，现在已不是鲁迅先生生活的民族危亡、水深火热时代，但是新时期，作为国家和民族之希望的大学生，却不能忘却祖国和人民的期望。

在选择职业时，必须把自身的理想与社会需要相结合，到祖国最需要的地方去，从事人民最需要的事业。正如车尔尼雪夫斯基所说："一个没有受到献身的热情所鼓舞的人，永远不会做出什么伟大的事情来。"值得庆幸的是，现在有很多大学生放弃了优越的工作条件，选择到偏远的山区奉献青春、热情，这些都是值得我们赞扬和学习的。

五、延伸案例

案例一　施瓦辛格的成功之路

40多年前，一个十多岁的穷小子，自小生长在贫民窟里，身体非常瘦弱，却在日记里立志长大后要做美国总统。如何能实现这样宏伟的抱负呢？年纪轻轻的他，经过几天几夜的思索，拟定了这样一系列的连锁目标。

做美国总统，首先要做美国州长——要竞选州长，必须得到雄厚的财力后盾的支持——要获得财团的支持，就一定得融入财团——要融入财团，最好娶一位豪门千金——要娶一位豪门千金，必须成为名人——成为名人的快速方法就是做电影明星——做电影明星前得练好身体，练出阳刚之气。

按照这样的思路，他开始步步为营。某日，当他看到著名的体操运动主席库尔后，他相信练健美是强身健体的好点子，因而萌生了练健美的兴趣。他开始刻苦而持之以恒地练习健美，他渴望成为世界上最结实的壮汉。3年后，借着发达的肌肉、一身似雕塑的体魄，他开始成为健美先生。

在以后的几年中，他囊括了欧洲、世界、全球、奥林匹克的"健美先生"称号。22岁时，他踏入了美国好莱坞。在好莱坞，他花费了十年时间，利用在体育方面的成就，一心去表现坚强不屈、百折不挠的硬汉形象。终于，他在演艺界声名鹊起。当他的电影事业如日中天时，女友的家庭在他们相恋九年后，也终于接纳了这位"黑脸庄稼人"。他的女友就是赫赫有名的肯尼迪总统的侄女。

婚姻生活恩爱地过去了十几个春秋。他与太太生育了4个孩子，建立了一个典型的"五好"家庭。2003年，年逾57岁的他，告老退出了影坛，转而从政，成功地竞选成为美国加州州长。他的下一个目标就是美国总统。

他就是阿诺德·施瓦辛格。他的经历让人记住了这样一句话：思想有多远，我们就能走多远。

从这个职业规划案例可以看出：职业规划制定的越早、步骤越详细，越能早日实现自己的梦想。不管这个目标多么艰难，自己的现实和理想之间相差多远，只要自己有恒心，有切实可行细致的计划，并一步一个脚印踏踏实实地去完成，就一定能实现自己远大的理想。

案例二　盲目跳槽不可取

小美，一个美丽的女子，已有8年工作经历，做过5份涉及不同行业工作的她还带着淡淡的学生气息，她有着优雅的姿态、恬静的微笑。

1997年，从财政学院财会专业毕业的小美刚刚18岁，在朋友的介绍下进入海尔药业市场部担任人事经理助理，接听电话、接收传真、管理人事档案、考勤、核算工资等，这些琐碎的事情，在她做来却井井有条。

两年后，她被调到青岛办事处担任品牌代表。不久，公司安排她与另外两位同事共同启动武汉市场。对品牌推广和市场销售没有什么经验的她通过刻苦学习、虚心求教，进步很快。几个月后，她被公司单独派往湖北宜昌，全面负责宜昌地区工作，包括选店址、招聘人才……一系列的工作使她很快了解了保健品市场的整体运作情况。

随后，在同事的怂恿下，她与几个同事决定合资成立一家代理保健品的公司，由于一直没有找到合适的产品，看不到发展希望，她决定撤股。那段时间，她也先后尝试与其他朋友合资做了两个医疗产品的代理，但最终都以亏损告终。

几年下来，自己的苦心经营却没有获得预期收获，小美决定改行。2000年5月，她顺利进入了一家国营单位担任统计、投资管理员，主要负责单位下属公司进、销、存报表的汇总、上报工作以及制作公司经营活动分析报告。虽然是进入了一个陌生的行业，但善于学习、勇于上进的她工作很快如鱼得水，所做的调研报告均一次性通过。

后来因为企业内部人事的恶性竞争，一年后，她主动辞职，开了一家小美容院。然而事与愿违，苦苦支撑了半年的美容院最终因经营不善而不得不倒闭。

一个人要成功，就必须制定适合自身发展的职业生涯规划，提高自身的核心竞争力，而盲目地随从，更换工作，只会白白浪费职业时间，核心竞争力得不到提升，个人发展必然受阻。我们应该学着让自己果断些、专注些，这样，无论在工作上还是生活中，才能及时抓住更多的机会。

案例三　我想当调酒师，我想开酒吧

选择一个合适的职业，是一个人走向成功最短的一条路。如果说职业是通向成功的一条直线，那么在职业生涯中不断的进取和努力，就是这条线上的每一个点；由这些点构成的每一条线段，连成了通向职业生涯最高目标的路程。

（一）兴趣爱好

有一定的艺术天分，喜欢绘画和造型艺术，但总不爱按部就班、规规矩矩，愿意异想天开，自我创新。还有一个爱好，羞于说出口，那就是——喝酒！但我可不是酒鬼，我只是喜欢酒的那种醇香！

（二）生活环境

我家在农村，但是，是属于那种城市边缘的农村。所以，在我的成长过程中，像城市中的孩子一样上幼儿园、去少年宫……培养了我对很多东西的兴趣，增强了我的动手、动脑能力。我对于绘画和形体艺术的热爱，就是从参加少年宫的活动过程中培养起来的。而对于酒的热爱,则可能是遗传——我的父亲也喜欢。我学的是食品(生物)工艺专业,和酒有着千丝万缕的联系。

(三) 现在的我与将来的我的差距

我的理想是开一间酒吧,成为一名优秀的调酒师。但是,现在的我对于调酒师这个职业的了解还很有限,对于酒吧的经营管理也不甚了解。同时,成为一名调酒师应有的一些特质,我也不太突出,比如,嗅觉、味觉的灵敏度还需要训练。但是我相信,凭借我对职业的热爱,通过我的勤奋努力,我一定能够实现自己的理想。

(四) 阶段规划

在校期间打好专业基础(18~21岁)→在酒吧打工(22~23岁)→有针对性地学习调酒技艺(24~25岁)→成为调酒师(26岁)→开自己的酒吧(30岁)→向更专业化、国际化水平发展(31~34岁)→成为具有国际水平的高级调酒师(35岁)。

(五) 具体措施

1. 在校期间打好专业基础(18~21岁)。

虽然我的理想是一名职业高级调酒师,但是,对于各种饮料和酒水的品质鉴定、颜色调配、造型艺术等基础知识还十分欠缺,必须认真学好专业课,并利用课余时间收集有关饮料、调酒等方面的信息,学习有关专业书籍。

2. 在酒吧打工(22~23岁)。

因为调酒师的工作一般都是在酒吧中,所以,毕业之后,我要找一份酒吧中的工作,可以是DJ,可以是服务生,甚至可以是洗盘子的……我的目的有两个:一是自力更生,存一点钱;二是与酒吧中的调酒师们进行交流,了解这一行业的特点,请教如何训练自己味觉和嗅觉的灵敏度。

3. 有针对性地学习调酒技艺(24~25岁)。

经过两年的打工,我对于调酒师的工作特点已经有了一定的了解,另外也给自己存够了一笔学费。这时,我会向有经验的调酒师请教,上网查询,为自己选一所专业培养调酒师的学校,开始迈出通向调酒师的第一步。

4. 成为调酒师(26岁)。

通过专业培训,相信我将对调酒工作有一个全新的认识,并掌握了一定的调配技能,连续取得初级、中级调酒师资格。这时,我应该可以完全胜任一间普通酒吧的调酒师了!

5. 开自己的酒吧(30岁)。

通过在酒吧中工作,在实践中不断提高自己的调酒技能,随着资金的积累、人际关系的不断成熟,我可以开自己的酒吧了!

6. 向更专业化、国际化水平发展(31~34岁)。

(1) 参加比赛,在竞争中提升自己的能力。

由于调酒的文化性、知识性、技术性、观赏性都很强,所以,无论是在国外还是在我国,都经常举行"调酒师大赛",这种赛事成为调酒师们互相交流学习的一个平台,也是一个通过竞争提高自己水平的手段。开设自己的酒吧后，我会更多地参加此类大赛，找到自身的差距，并不断地赶上去，充实自己、提高自己。

（2）出国深造，缩短与国际水平的差距。

当我具有一定的专业水平之后，要到国外进行短期的专业培训，拓宽自己的视野，缩短自己与国际水平的差距。

7. 成为具有国际水平的高级调酒师（35岁）。

通过在专业学校的学习，有了十几年的实践经验和国际大赛的历练，我会很快地成熟起来。这时的我，将真正地在我热爱的调酒行业中创出一片天地，成为具有国际水准的高级调酒师。

"阳光总在风雨后"，我相信，只要我付出、我坚持、我努力、我向上，多高的理想都不遥远，我的职业生涯将沿着我的规划，踏踏实实，一步一个脚印地走下去。

六、学习建议

学习本节，学生应结合教材内容及相关案例，认识职业生涯规划对个人发展的重要意义，掌握职业生涯规划的步骤和基本内容。要根据自身实际，完成自身职业生涯规划，为个人未来的发展建立奋斗目标，树立信心，提高成功的机会。

第三节 在实践中化理想为现实

一、学习重点

本节主要讲述理想和现实的关系，认识到唯有实践是实现理想的根本途径。

二、典型案例

马云的悲惨岁月

阿里巴巴集团即将创下全球融资纪录，成为全球最大的草根创业者平台。不用说，无论从哪个标准来看，都是风光无两。不过俗话说得好，台上十分钟、台下十年功。阿里巴巴和马云本身也是草根创业的典型。从屌丝逆袭为"外星人"，其中的苦难有谁知？换句话说，要比富，马云比你富，但要说比惨，你未必比得过。在这方面，这个世界是公平的。

1. 至少有 2 次求职因为外貌被拒

几乎所有人看到马云都会印象深刻，因为像外星人呗。现在任何人包括马云都可以以调侃他的外貌为乐。但回到 20 多年前，马云没少为外貌发愁。且不说高考考了 3 次，第一次高考落榜之后，他的梦想是去酒店做服务员，也梦想做警察，统统因为外貌特征被拒绝，说白了，就是丑！但问题是，长成什么样，马云决定不了啊。世界就是这样：至少他永远失去了进入酒店行业这个梦想。他后来找到一份零工，去踩三轮车给人送杂志。

2. 翻译社靠卖袜子来补贴

和朋友一起创办的海博翻译社是马云最初的创业。这家杭州第一家翻译社一开始就面临窘境。第一个月收入 700 元，而房租是 2 400 元。怎么办？为了让事业撑下去，马云只能把翻译社的一半店面出租给别人。自己开启第二兼职，背着麻袋去义乌批发鲜花、手电筒、内衣、袜子、工艺品来卖——这看起来还算是个老板。但后来他就不得不上门推销商品，对象包括医院、赤脚医生。马云当时还是杭州电子工学院全校课程最多的老师之一，上面说的都是他的业余工作。

3. 怎么证明别人都没见过的互联网

做"中国黄页"的业务是把国内单位的资料放到互联网上去，让老外能找到他。但那时候国内还没有互联网，谁也看不到摸不着，属于"信则有，不信则无"的范畴。创业团队在收到客户资料后翻译成英文，然后快递给美国合作方做成网页——要为看不到的东西心甘情愿付钱，换成哪个老板都不会信啊。因此，马云团队不但要证明客户资料已经上网，还首先得证明世界上有互联网这种东西。马云不懂技术，能做的事情就是不断地说，他每天出门对人讲互联网的神奇，还在大排档跟人神侃瞎吹。老板不相信，除了打印网页之外，还请老板打免费越洋电话，问在美国的亲戚朋友，让美国人上网查证。1995 年上海终于开通互联网，"中国黄页"团队还提供额外服务——打长途电话到上海再接入互联网，虽然花 3 个半小时才能看到互联网上的照片，但也使焦躁得如热锅上的蚂蚁的马云欣喜若狂，委屈的泪水稀里哗啦地掉了下来。

而在很多没有互联网的城市，马云则一律被称为"骗子"。这也是"马云是骗子一说"最初的来源。

4. "这个事情你应该先约"

马云现在是阿里巴巴集团的董事局主席，但当年也不过是一个"推销员"。央视纪录片《书生马云》里，瘦小的马云梳着八分头，背着一个黑色单肩包，敲门找人，逢人便讲："我是来推销中国黄页的。"一脸迷茫又不耐烦的人们将他"请"出门外。有个编导干脆跟记者说："这人不像好人！"

1996 年，马云在北京到国家某委推销，说"中国黄页是给国家某委在信息高速公路上做宣传，把信息全部放到网上去，让世界了解中国。"得到的答复很不耐烦："这个事情你应该先约，你要是不约呢，我很难给你一个满意的答复。"

马云的样貌和大街上任何一个推销员完全一样，但吃的闭门羹和白眼不但没有改变他对互联网的相信，还成为阿里巴巴事业发展的精神动力，这可能是最大的差异。

5. 南归前痛哭，连续4次创业失败

阿里巴巴团队曾在北京干过一段政府项目，最后马云决定南下杭州再次创业。在北京的14个月，马云从没带团队一起去游玩，最后一天他们决定去长城。晚上，在一个不知名的小饭店，天下着大雪，众人大碗喝酒，大块吃肉，一起抱头痛哭，最后唱起了《真心英雄》，唱完《真心英雄》，就唱老歌，一首接一首，这群走南闯北的汉子们都回避着"离别"这个对他们来说太过沉重的词语。许多人都不记得那天晚上马云到底说了些什么，也不知道第二天开始将要面对怎样的生活，但是那个晚上，酒是热的，心是热的，歌是热的。大家就记得唱了一个晚上的《真心英雄》。

这也意味着此时已经是马云30岁以来第4次连续创业失败。

6. 没有人看好，最困难时银行里只有200元

在外界流传的关于阿里巴巴接到投资的只字片语中，都潇洒地提到6分钟搞定孙正义的2 000万美元和雅虎后来的10亿美元，实际上更多的苦痛不为人知。

没有豪华的团队配置，也没有美国成功模式可参考，与北京、上海、广州等地的同行相比，阿里巴巴一度是互联网行业的丑小鸭。互联网素来以烧钱著称，阿里巴巴创办后也面临资金压力，最为窘迫的时候银行里只有200元。有一次马云去见上海的投资商，对方出了一个苛刻的条件。马云不满意但不免犹豫，于是溜出去问管财务的同事，得到的消息是：账上已经没钱了。回去之后，马云还是咬着牙放弃了这笔投资。

在时隔15年之后的纽约IPO路演会上，马云才以开玩笑的形式一吐当年窘境："15年前为融资200万美元，我来纽约，失败而归，15年来我就没放弃，这次来纽约，就是想多要点钱回去。"

7. 公司差点因"非典"崩溃

尽管阿里巴巴经常说"非典"让大家真正关注到不需要出门的电子商务。但"非典"几乎让阿里巴巴崩溃。因员工去广州参加广交会染上"非典"，这让整个杭州如临大敌，实施了最大规模的隔离：超过500人被隔离，杭州市长前一天刚来视察过，结果市长及随从人员也因此被隔离。同楼的其他公司员工纷纷带着电话机、传真机、电脑像逃难一样跑，隔壁公司有人冲进阿里巴巴砸东西泄愤。那时的阿里巴巴在杭州一举"成名"，但员工上街根本不敢说自己在阿里巴巴上班，就像见到了老虎一样恐惧。一直到隔离结束以后，走到街上，都会遭到不正常的待遇，人们还会指指点点。

这期间员工全部回家，换一些公司，可能就此解散。但工作并未停止，员工将工作电话转移到家中，甚至家里的老人都养成习惯，拿起电话第一句话就说："您好！阿里巴巴。"

受到影响的还有当时还处于保密期的淘宝网。5月10日，淘宝网成功上线，但因为

"非典"隔离，场面极为寒酸，甚至凄凉——没有鲜花，没有大餐，没有镁光灯，没有欢快的音乐，没有涌动的人群。"在略显沉寂的卧室里，躺在床上的马云面对着天花板，慢慢地举起了酒杯，虔诚而默默地念叨着：保佑淘宝一路顺风。不过，马云绝不是孤独者，因为他知道，那一刻，同样的仪式将在散落于杭州市的十余处居民住宅里同时进行。"

8. 被大象全面封杀

在淘宝网创立之初，国内的c2c市场就已经有霸主eBay。2003年，eBay和易趣（合并为一家，后称eBay易趣）的市场份额达到了90%以上。无论是技术、资金、人才、占有率还是品牌，eBay易趣是全面占优的。并放出豪言说：淘宝只能存活18个月！淘宝网不仅仅全面落后，更惨的是被eBay易趣全面封堵。eBay易趣买下了搜索引擎中关于"淘宝"的关键词广告，搜索淘宝，就出现"要淘宝，到易趣"的广告。eBay易趣还在自己的主页上打出了"淘宝贝，开店铺，生活好享受"的宣传语，这正是广告封杀。接着，eBay易趣与各大主流网站签署了一年的排他性广告合同。合同注明，一旦发现这些网站与eBay易趣的竞争对手如淘宝网产生任何有关宣传和推广的合作，就要支付高额的罚款。甚至在淘宝的办公室对面，竖起了eBay易趣的广告牌。淘宝网只能投中小网站，更有意思的是，只要其在一家网站上投放广告没几天，eBay易趣就会用两三倍的价格独家买断该网站所有关于在线交易的广告。走"投"无路的淘宝网只好将广告投放在公交车、电梯和地铁列车上。现在，淘宝网已经是全球访问量最大的电商网站。

三、案例思考

1. 如何看待马云创业路上的挫折？
2. 马云的成功对当代大学生有何启示？

四、案例点评

马云的成功，不是瞬间的荣耀，而是经过风雨飘摇之后屹立的强者。没有殷实的家境，没有雄厚的基础，也没有名牌大学的文凭，有的只是对理想执着的热爱。心怀梦想，改变了自己的命运，也改变了世界的命运。理想使他微笑着审视这个世界，倔强地反抗着不公的命运，风雨过后，定会是光明的世界。

理想，能带给人们什么呢？荣誉、财富和掌声，都是理想的副产品。理想带给人们的，更多的是被抛弃的孤寂和被嘲笑的辛酸。李彦宏何尝不是如此。年少出国留学，带着耀眼光环的他，可以在美国找到一个高级技术工作，但他始终秉承技术改变生活的信念，放下了一切，开始创业。那时的中国在搜索引擎方面几乎什么也没有，李彦宏用自己的知识创造了中文引擎——百度，使谷歌在这里失去了市场，让世界为他的知识买单。创业初期的风雨，未能使他改变自己的信念。理想的灯塔照亮所有黑暗的角落，直通向成功的彼岸。

案例一 松下幸之助求职故事

日本松下电器公司总裁松下出身贫寒，年轻时到一家电器工厂去谋职，这家工厂的人事主管看面前的小伙子衣着肮脏，身体又瘦又小，觉得不理想，信口说："我们现在不缺人，你一个月后再来看看吧。"这本是个推辞，没有想到一个月后，松下真的来了，那位负责人又说："有事，过几天再说吧。"隔了几天，松下又来了，如此反复了多次，主管只好直接说出自己的态度："你这样脏兮兮的，是进不了我们工厂的。"于是松下立即回去借钱买了一身整齐的衣服穿上，再次面试。负责人看他如此实在，只好说："关于电器方面的知识，你知道得太少了，我们不能要你。"不料两个月后，松下再次出现在人事主管的面前："我已经学会了不少有关电器方面的知识，您看我哪方面还有差距，我一项项来弥补。"这位人事主管紧盯着态度诚恳的松下看了半天才说："我干这一行几十年了，还是第一次遇到像你这样来找工作的，我真佩服你的耐心和韧性。"松下这种不轻言放弃的精神打动了主管，他得到了这份工作，并通过不断努力逐渐成为电器行业非凡的人物！1918年他开始创业，建立了松下电器器具制作所，只生产双插座接合器等一两种产品；1932年以后，公司得到了前所未有的发展。松下幸之助连续10多年蝉联日本最高纳税人。日本政府曾于1965年给松下幸之助颁发了二等旭日重光勋章；日本天皇曾于1981年给松下幸之助颁授了一级旭日大绶勋章。

案例二 75岁东山再起，86岁身家过亿，褚时健凭啥这么牛？

褚时健，一手将乡间小厂玉溪卷烟厂发展为世界级行业巨头红塔集团，临近退休却因贪污罪入狱，人生跌到低谷。2002年，褚时健在75岁高龄重新创业，与妻子开荒种橙，并在十年以后以"褚橙"红遍大江南北，成为亿万富翁。

86岁的褚时健依然喜欢抽烟，他抽一种云南玉溪烟厂推出的"庄园"，说话时，烟一根接着一根，"不能把习惯都戒了。"他告诉南方周末记者。

如今褚时健生活的半径是从家到"庄园"，"庄园"是他的褚橙生产基地，2 400亩地，位于云南哀牢山脉中部小镇戛洒。家在玉溪，褚时健坐车三小时往返于玉溪与戛洒，每周少则一次，多则四五次。

镇上的人都称褚时健"褚大爹"。没人不知道"褚大爹"人生的跌宕起伏：他曾是把"红塔山"做到中国第一、世界第三的"中国烟草大王"；因贪污罪锒铛入狱，其间女儿在狱中自杀；75岁时，他和老伴马静芬开始用十年创业，当果农种橙子，把"褚橙"变为年盈利上千万的"励志橙"。

六、学习建议

学习本节，学生应结合教材内容及相关案例，理解理想和现实的关系。认识到大学生不但要树立远大理想，更要通过坚定的信念来勇于实践。唯有实践，才是实现理想的唯一途径。

第三章 弘扬中国精神 共筑精神家园

第一节 中国精神的传承与价值

一、学习重点

中国精神是中华民族的灵魂，是社会主义核心价值观的具体体现。通过本节的学习，了解中国精神的历史由来和新时期弘扬中国精神的伟大意义。

二、典型案例

两弹元勋——邓稼先

邓稼先出身于书香门第，父亲曾担任清华大学、北京大学的哲学教授。他在中学时期与杨振宁结为至交好友。于1948年远渡重洋，赴美国攻读物理学。由于邓稼先成绩突出，仅两年就修满了学分，并通过博士论文答辩，获得学位。此时的邓稼先只有26岁，被称作"娃娃博士"。取得博士学位仅9天以后，邓稼先毅然拒绝了恩师和好友的挽留，放弃了在美国优越的工作和生活条件，回到刚刚成立的新中国。1950年10月，邓稼先来到中国科学院近代物理研究所任研究员，人们问他从美国带回了什么。他回答说："带了几双眼下中国还不能生产的尼龙袜子送给父亲，还带了一脑袋关于原子核的知识。"此后的8年时间，他都在进行中国原子核理论的研究。

1958年秋，钱三强找到邓稼先说，国家要放一个"大炮仗"。对于这项必须严格保密的工作，邓稼先毫不犹豫地接受了，回家告诉妻子自己需要调动工作，不能再照顾家庭和孩子。邓稼先的妻子深受爱国思想熏陶，深知丈夫一定接受了对国家有重大意义的任务，表示了坚决支持。从此，邓稼先的名字从人们的视线中消失，他的身影只出现在荒凉的戈壁大漠。1959年，苏联政府终止了协议，不再提供对中国的帮助。中共中央决心自己动手，攻克难关，制造出原子弹和人造卫星。邓稼先担任了原子弹的理论设计负责人，带头攻关。研制原子弹时，中国正值三年困难时期，就连他们这些尖端领域的科研人员也缺乏粮食供应，经常饿着肚子搞研究。邓稼先从岳父那里得到一些粮票支援，全部用来与同事分享。在这样艰苦的环境中，他们夜以继日地埋首在无尽的数字和公式中。

当时条件艰苦，科学家们只能用算盘来进行极为复杂的原子弹理论计算，为了算一个数据，需要三班倒，连续算一个多月。而这个数据，反复算了9次，花费了一年多的时间。邓稼先经常带着同志们工作到天亮，他嫌白天时间太短，经常抱怨一个太阳不够用。

1964年，中国成功爆炸第一颗原子弹，邓稼先功不可没。两年零八个月以后，中国又制成了氢弹。相比于法国的8年、美国的7年、苏联的10年，中国创造了世界上最快的速度。中国在这样艰苦的条件下用这样短的时间研制出"两弹一星"，让其他国家的科学家感到不可思议。邓稼先的好友杨振宁回国探亲时问他："在美国听人说，中国的原子弹是一个美国人帮助研制的。这是真的吗？"为了工作保密，邓稼先还特意请示了周总理以后，才写信告诉杨振宁："无论是原子弹还是氢弹，都是中国人自己研制的。"作为两弹元勋，很多人问邓稼先，他研制出原子弹和氢弹，国家给了他多少奖金，他总是笑而不答。直到再见好友杨振宁时，他才告诉对方："原子弹10元，氢弹10元。"

三、案例思考

1. 从邓稼先的事迹中你能感受到中国精神的内涵是什么？
2. 邓稼先的事迹对新时期的大学生有什么重要启示？

四、案例点评

邓稼先是中国核武器理论研究工作的奠基者之一，是中国核武器研制与发展的主要组织者、领导者，被称为"两弹元勋"。在原子弹、氢弹研究中，邓稼先领导人们开展了爆轰物理、流体力学、状态方程、中子输运等基础理论研究，完成了原子弹的理论方案，并参与指导核试验的爆轰模拟试验。邓稼先是中国知识分子的优秀代表，为了祖国的强盛，为了中国国防科研事业的发展，他甘当无名英雄，默默无闻地奋斗了数十年。他常常在关键时刻，不顾个人安危，出现在最危险的岗位上，充分体现了他崇高无私的奉献精神。他在中国核武器的研制方面做出了卓越的贡献，却鲜为人知，直到他去世后，人们才知道他的事迹。他是最具有农民朴实气质的科学家。邓稼先敏锐的眼光使中国的核武器发展继续快步推进了十年，终于赶在世界全面禁止核试验之前，达到了实验室模拟水平。

五、延伸案例

案例一　中国核潜艇之父——黄旭华

黄旭华，男，87岁，中国第一代核动力潜艇研制创始人之一，被誉为"中国核潜艇之父"。

1958年，我国批准核潜艇工程立项。那时中苏关系尚处于蜜月期，依靠苏联提供部分技术资料，是当初考虑的措施之一。1959年，苏联提出中断对中国若干重要项目的援助，对中国施加压力。毛泽东听后发誓："核潜艇一万年也要搞出来。"曾有过几年仿制苏式常规潜艇经历又毕业于上海交大造船系的黄旭华被选中参研。

30多年中，8个兄弟姐妹都不知道黄旭华搞核潜艇，父亲临终时也不知他是干什么的，母亲从63岁盼到93岁才见到儿子一面。

核潜艇是集核电站、导弹发射场和海底城市于一体的尖端工程。中国的核潜艇研制工作是从一个核潜艇玩具模型一步一步开始的。

为研制核潜艇，新婚不久的黄旭华告别妻子来到试验基地。后来他把家安在了小岛上。为了艇上千万台设备，上百公里长的电缆、管道，他要联络全国24个省市的2 000多家科研单位，工程复杂。那时没有计算机，他和同事用算盘和计算尺演算出成千上万个数据。

1964年，黄旭华终于带领团队研制出我国第一艘核潜艇。使中国成为世界上第五个拥有核潜艇的国家。

1988年，核潜艇按设计极限在南海作深潜试验。黄旭华亲自下潜300米，是世界上核潜艇总设计师亲自下水做深潜试验的第一人。

黄旭华曾先后多次获得国家科学技术进步特等奖、全国科学大会奖等，为国防事业、为我国核潜艇事业的发展做出了重要贡献。

案例二　"我是中国人"

1931年秋，吉鸿昌因为抗日，被逼"携眷出国"，做"军事考察"。到了美国纽约，一次，他穿着整齐的军装，率领一行从属人员走在街上，突然有人拦住他故意问道："你是日本人吧？"吉鸿昌叫翻译回答说："不，我是中国人！"对方听了摇摇头，表示不相信地说："中国人？东亚病夫，不可能有这样魁梧、高大的军人……"又一次，他到纽约的一家邮局寄送东西，那里的工作人员又明知故问地说："你是哪国人？"吉鸿昌大声说道："我是中国人！"对方奚落地说："地图上已经找不到中国了。"接连受到这样的嘲笑和侮辱,使他异常气愤,甚至连饭也吃不下去了。他严肃地说:"侮辱我吉鸿昌本人,我并不在乎,但我们是代表中国到美国考察的,受侮辱的是我们整个国家、整个民族啊!"他坚决地表示:"下次外出时,就戴上'我是中国人'的牌子,让外国的朋友们都知道中国人是有血性的,有五千年文明史的中华民族一定会重新振兴起来!"果然,他用草板纸自制了一个约半尺长的长方形牌子,用毛笔写着"我是中国人"几个大字,并在下边注上英文。他挺着胸膛,昂首阔步地穿过围观的人群,显示出中华民族的骄傲。1932年,吉鸿昌回国,率领抗日同盟军,转战长城内外,给日军以沉重打击。后不幸被敌人诱捕,就义前他写下了正气凛然的就义诗:"恨不抗日死,留做今日羞。国破尚如此,我何惜此头。"

案例三 华罗庚归国的故事

数学家华罗庚,在留学英国剑桥大学期间,取得了突出的成就,他关于塔内问题的研究,被人们喻为"华氏定理"。1938年,华罗庚怀着反对日寇侵略的爱国热情回到了祖国。1946年,华罗庚应美国普林斯顿大学的邀请访问美国。在美国的四年间,华罗庚的科研成果使他成为世界名列前茅的数学家之一,汽车、洋房、高薪应有尽有。但是,一流的科研条件、终身教授的职务和优裕的物质生活条件,都不能动摇华罗庚报效祖国的决心。1950年,华罗庚带领全家毅然回国。在回国途经香港时,他向全世界华人科学家发出"为了国家民族,我们应当回去"的倡议书,他写道:"谁给我们特殊的学习机会,而使得我们大学毕业?谁给我们所必需的外汇,因之可以出国学习?还不是我们胼手胝足的同胞吗?还不是我们千辛万苦的父母吗?受了同胞们的血汗栽培,成为人才之后,不为他们服务,这如何可以谓之公平?如何可以谓之合理?朋友们,我们不能过河拆桥……朋友们!梁园虽好,非久居之乡。归去来兮……为了抉择真理,我们应当回去;为了国家民族,我们应当回去;为了为人民服务,我们也应当回去;就是为了个人的出路,也应当早日回去,建立我们工作的基础,为我们伟大祖国的建设和发展而奋斗!"

六、学习建议

学习本节,掌握中国精神的内涵和伟大意义,结合新时期的特点了解中国精神的时代价值。

第二节 以爱国主义为核心的民族精神

一、学习重点

本节主要学习民族精神的内涵。认识爱国主义及其时代价值,掌握新时期爱国主义的新要求。

二、典型案例

"科学没有国界,科学家有自己的祖国"——巴斯德纪事

法国微生物学家路易·巴斯德,被称为微生物学的鼻祖,那么巴斯德又有着怎样的爱国情怀呢?

路易·巴斯德,法国微生物学家、化学家。他研究了微生物的类型、习性、营养、繁殖、作用等,把对微生物的研究从主要研究微生物的形态转移到研究微生物的生理途径上来,从而奠定了工业微生物学和医学微生物学的基础,并开创了微生物生理学。

循此前进,在战胜狂犬病、鸡霍乱、炭疽病、蚕病等方面都取得了成果。英国医生李斯特并据此解决了创口感染问题。从此,整个医学迈进了细菌学时代,得到了空前的发展。在美国学者麦克·哈特所著的《影响人类历史进程的100名人排行榜》中,巴斯德名列第12位,可见其在人类历史上巨大的影响力。其发明的巴氏消毒法直至现在仍被应用。巴斯德是19世纪法国一位杰出的科学家,微生物学的奠基人,因发明了传染病预防接种法,为人类和人类饲养的家畜、家禽防治疾病作出了巨大的贡献。

由于在科学上的卓越成就,使他在整个欧洲享有很高的声誉,德国的波恩大学郑重地把名誉学位证书授予这位赫赫有名的学者。但是,普法战争爆发后,德国强占了法国的领土,出于对自己祖国的深厚感情和对侵略者德国的极大憎恨,巴斯德毅然决然把名誉学位证书退还给了波恩大学,他说:"科学虽没有国界,但科学家却有自己的祖国。"这掷地作响的话语,充分表达了一位科学家的爱国情怀,并因此而成为一句不朽的爱国名言。

三、案例思考

1. 从巴斯德的案例如何理解爱国主义的内涵?

2. 通过案例讨论新时期大学生应该如何爱国？

四、案例点评

自从19世纪中叶以来，世界大多数地区的人口预期寿命大约翻了一番。人类寿命的显著延长对每一个人产生的巨大影响，很可能超过了整个人类历史上任何其他发展对人的影响。这一现代科学和医学的发展，几乎为我们每个人提供了第二次生命。尽管延长生命的功劳并非全部归功于巴斯德，但巴斯德的贡献是如此重大，以至毫无疑问的是，降低人类死亡率的大部分荣誉应归功于巴斯德。巴斯德不仅是人类历史上最具影响力的人物之一，也是最值得所有人尊敬的人。

五、延伸案例

案例一 ××君放水泄愤，如此"爱国"

9月18日，某知名运动员的老公××君发微博，自曝在日本住酒店时"很小人地把水都打开"，觉得解气。该运动员转发微博，"这就是××君，永远这么直接，我手动点赞。"支持老公言论。

经过这么多年水资源紧缺的教育，珍惜来之不易的水这个观念已经深入人心。就算节水意识没那么明显的人也知道，用完水后随手关掉水龙头是一个好习惯。××君的做法，显然与绝大多数人的行为逻辑不相符，放在正常的环境下，是会引人侧目的。

但在对前置条件以及内心心理进行了一番描述后，××君的做法引起了一些人的"点赞"。难道因为浪费水的行为发生在日本，行为目的是为了"解气"，××君"把水都打开"就合理了吗？××君本人对此有直观的认识，觉得自己"很小人"。对于批评他的网友而言，恐怕也会认同××君的这个自我评价。

若非有"强大"的心理，把水都打开任其"哗哗"地白白流掉，是难以平静面对的。开着水龙头能睡着的人，心得有多大？但理性地看，这种"强大"乃至于产生的"解气"幻觉，是建立在虚幻基础上的，是一种自欺欺人，作为者不敢堂堂正正地表达自己的观点与立场，只能通过偷偷摸摸的行为来发泄情绪，这是典型的弱者心态。

××君试图通过自己的微博，来证实自己的勇气，或者试图通过这种行为，来引导更多人模仿。但事实上是，这种做法带不来正面意义的证明，反倒是"缺乏环保意识"被坐实。

××君的爱国心情可以理解，但爱国是一件焦急不得的事情，爱国也不能成为开脱个人行为不端的借口。爱国是一件庄重的事情，感性可以作为内心的一种情绪来流淌，但思考与行为方式，必须有理性的约束。这几年来，理性爱国已经逐渐成为一种共识，也正是因为如此，批评××君的人才会远远多于支持他的人。

爱国不能有虚弱的心态，需要有自信心来支撑。××君在微博最后也表达了找回自信的做法，"其实这没用！咱得多方位加油！"真正的强大，是依靠公开的竞争和实力的比拼才能体现出来的，在把"多方位加油"落到实处之前，请先把流淌水的水龙头关上。

案例二 A公司承认B××改国籍 昔日爱国言论遭吐槽

A公司董事长B××近日因"注销户口，已加入外国国籍"而引发关注。针对B××能否继续担任某区政协委员的问题，某区政协有关负责人表示，目前正在了解此事，核实后会按情况及相关程序办理。

而据央视调查显示，A公司的企业类型是股份有限公司（我国台港澳与境内合资公司），法定代表人和负责人是B××。该企业2007年12月19日前为内资企业，于2007年12月19日变更为外商投资企业。

B××曾对媒体表示，多年前，手握移民证的她毅然回国创业，所有的人都认为她疯了，放弃了一个进入天堂的通行证。有网友还联想到此前B××"政协委员"和"三八红旗手"的身份，更质疑B××曾在某卫视节目上声称"放弃移民，永远忠实于祖国"纯属作秀。

有网友就在微博中表示："当我把手放在胸口上时，当要我宣誓永远忠诚于加拿大的时候，我发现我做不到，我只能效忠于自己的国家，因为我是中国人。这是很久以前看某电视节目听到的很深刻的一句话。说这句话的人正是B××。"而网友也表示，当年B××在某电视节目上，大骂移民海外的人不爱国，说自己拒绝了多国的移民邀请，当时她所表现出的"崇高爱国主义精神"赢得场下观众热烈掌声。如今这位"爱国人士"却神不知鬼不觉地加入了外国国籍。

更有网友质疑B××曾经是否有机会获得加拿大国家的移民证。有网友就表示："B××，加拿大永久居民4年住满3年才有申请入籍的资格，还必须本人申请，审核后通知考试，考试通过，才能唱歌，你住了几年？"网友笑一笑表示，"据B××自己说，当年她在加拿大生活极为困苦，几乎每天都要在一个餐馆里的后院里卸车扛猪肉，晚上还要当保姆。天晓得加拿大政府为什么要专门邀请这样一个人移民加拿大呢？"

案例三 我是中国人

刘德华一行来到日本，举办了小型歌友会。歌友会一开始，歌迷欢呼。但是刘德华拒绝用日语向大家问好。接着又拒绝了主办方安排的日语歌曲。并把所有曲目都改为普通话。原定的粤语歌曲也全部取消。刘德华用普通话一字一句说道："本来我是不想来日本的，但是因为合约在身，不得不来日本。但是你（指记者）不要以为是一纸合约把我牵住的，如果我不来，没人可以把我怎么样。我只是觉得这样对我的歌迷不公平，因为歌迷是无辜的。我不想做的事，谁也无法逼我做，而且，你逼我，我也不会做。"刘德华接着说，"引用一句话，艺术是没有国界的，但是艺术家是有国界的。我想说，音乐是没有国界的，但是音乐家是有国界的。"他对着主办方说："以后介绍我时，不要说我是香港歌手，因为我首先是一个中国人。"然后，他当着几百名日本歌迷的面，演唱了一首《中国人》。

六、学习建议

学习本节，学生要掌握爱国主义的重大意义和时代内涵，了解新时期爱国主义是民族精神的核心内容。

第三节 以改革创新为核心的时代精神

一、学习重点

改革创新是时代精神的核心，是促进民族进步的灵魂和我国兴旺发达的不竭动力。弘扬以改革创新为核心的时代精神，是不断推进中国特色社会主义伟大事业的精神支柱和强大动力。

二、典型案例

袁隆平的杂交水稻

袁隆平成长的年代，正值日寇的铁蹄践踏中国。年幼的他随父母四处迁徙，尝尽逃难的艰辛。火光冲天、尸横遍野的悲惨景象让袁隆平从小就懂了一个道理：弱肉强食。从那时起，他就树立了和祖国同呼吸共命运的信心。

因为兴趣所在，他在大学填报志愿时选择了学农。面对贫穷落后的农村，他更加坚定了信心，立志改造农村，为农民做实事。大学期间，他阅读了国内外多种中外文农业科技杂志，对学术孜孜以求。年轻学子袁隆平对权威学者并不盲从，他常把搜罗到的各国学术书籍仔细研究，去感悟、去分析，最后得出自己的结论。他始终坚信吸收科学知识更重要的是靠理性来判断其价值，这在当时已显出一个青年人的大胆思辨和成年人思维的缜密老练。

大学毕业，踌躇满志的他远离了繁华的都市，选择了偏远的湘西农村。在农校教书的日子里，他利用课余时间走出课堂，走向田埂。烈日当空，农民在榕树下歇息，袁隆平依然头顶烈日，在田里劳作。

偶然的机会，他发现一株"鹤立鸡群"的稻株，由此灵感一现，萌生了培育杂交水稻的念头。然而，袁隆平的设想与传统的经典遗传学观点相悖，许多权威学者认为他是蚍蜉撼树，周围充斥着反对声甚至嘲笑声。但他在反复思考、探索之后，更加坚信自己的想法。

为了找到理想中的稻株，他吃了早饭就下田，带着水壶与馒头，一直到下午4点左右才回。艰苦的条件和不规律的饮食，让他患上了肠胃病。六、七月的天气，他每天都手拿放大镜，一垄垄、一行行、一穗穗，大海捞针般地在几千几万株稻穗中寻找，汗水在背上结成盐霜，皮肤被晒得黑里透亮，连常年扎在水田里的农民都自叹不如。

正是凭着这种坚韧不拔、勇敢顽强的意志，在勘察了14万余株稻穗后，经过两年的探索、试验和研究，他终于写成引起国内外科技界高度重视的"惊世"论文《水稻的雄性不孕性》。从此，"杂交水稻"这四个字伴随了袁隆平的一生，成为他毕生不懈的追求。

论文的发表标志着袁隆平正式走进了杂交水稻研究领域，但在那个年代，它无疑被视为反动学说。随后，"黑五类""现行反革命"等那个年月里最触目惊心的罪名——加在了他身上。几十个实验用的瓶瓶罐罐被砸碎后，杂交水稻研究也跟着他一起变得岌岌可危……

寒来暑往，草木枯荣，杂交水稻的研究过程中面临着许多困难，需要极大的耐心和韧性，袁隆平凭借自己的智慧和执着将困难——化解。在潜心研究的过程中，海南"野败"的发现让他欣喜不已，多年来天南地北的长途跋涉、不眠不休，从那一刻起有了重大收获。1974年，袁隆平在安江农校试种的"南优2号"杂交稻亩产628公斤，与常规稻亩产150公斤相比，简直是天壤之别。

2004年，袁隆平当选为"感动中国"年度人物，大会在给他的颁奖词中这样写道："他是一位真正的耕耘者。当他还是一个乡村教师的时候，已经具有颠覆世界权威的胆识；当他名满天下的时候，却仍然只是专注于田畴，淡泊名利，一介农夫，播撒智慧，收获富足。他毕生的梦想，就是让所有人远离饥饿。喜看稻菽千重浪，最是风流袁隆平！"这正是袁隆平一生的写照，他用他的人生诠释了胸怀天下、无私奉献的精神。

如今，八旬老人袁隆平仍然精神矍铄，昼夜躬耕于稻田，身价千亿的他身着35元的衣服，做着"禾下乘凉"的超级水稻梦。

三、案例思考

1. 袁隆平的案例体现了中华民族什么样的精神？

2. 如何理解改革创新在民族复兴中的作用?

四、案例点评

袁隆平先生从事杂交水稻研究不畏艰难、甘于奉献、呕心沥血、苦苦追求,为解决中国人的吃饭问题作出了重大贡献。先生的杰出成就不仅属于中国,而且影响世界。50多年来,他始终在农业科研第一线辛勤耕耘、不懈探索,为人类运用科技手段战胜饥饿带来绿色的希望和金色的收获。他的卓越成就,不仅为解决中国人民的温饱和保障国家粮食安全做出了贡献,更为世界和平和社会进步树立了丰碑。

袁隆平热爱祖国、一心为民、造福人类的崇高品德,以及他作为一名中国共产党党员肝胆相照、同心同德的思想风范,与时俱进、勇攀高峰的创新精神,不畏艰险、执着追求的坚强意志,严于律己、淡泊名利的高尚情操,是当代中国人学习的楷模,更是新世纪呼唤的时代精神。

五、延伸案例

案例一 共同富裕的典范——华西村

园林式的环境、现代化的工厂、豪华的汽车、富丽堂皇的别墅,在来自世界各地的游客眼里,有着"天下第一村"美誉的华西村名不虚传。自20世纪80年代以来,华西村在全国率先成为"电话村""别墅村""轿车村""电脑村"。华西村,从1961年建村以来,已走过40余年的光辉历程。多年来华西"红旗不倒、青春不老"的奥秘是什么?对此,华西人自豪地回答:共同富裕之路造就了"天下第一村"。

华西村现有面积0.96万平方公里,有380户人。到2005年年底,华西的工业总产值已经达到让世人瞩目的300个亿。华西村党委书记吴仁宝说,华西在任何时候、任何情况下,都把发展经济放在一切工作的首位,"不管东西南北风,咬定发展不放松。"走一条具有华西特色的发展之路。

特色之一,工业兴村,有效发展。70年代以来,华西人从无到有办工业,不断解放思想,在坚持集体经济的前提下,多种经济成分并存。1994年组建华西集团公司,成为国家级企业集团,目前拥有企业58家,已形成铝型材、铜型材、钢材、带管、毛纺六大生产系列1 000多个产品。华西在多年的经济建设中,形成了具有自身特色的发展理念——有效发展观。其核心是"发展是硬道理,有条件不发展是没道理,没有条件创造条件发展是真道理";它注重"三个有效"——有效投入、有效生产、有效资产。华西曾有一家生产普通型钢的型钢厂,其产品在市场上一度陷入无竞争能力的困境。经过考察市场,他们发现型钢的关联产品热轧带钢市场广阔，一旦经济升温，将率先启动。华西人超前决策，1999年上半年就投入6 000多万元，把型钢厂改造成年产30万吨的热轧带钢厂，当年就投产见效，如今热轧带钢厂已是华西销量高、产品优、效益好的龙头企业之一。华西人总结说："没有效益的企业和产品，我们不搞。"

特色之二，善抓机遇，做大做强。1998年年底，中国加入世贸大局已定，中国企业面临着一场新的挑战，挑战的关键在于设备的先进程度和产品的科技内涵。华西人果断决策，走"以现有企业为基础，技改延伸找出路"的路子，不失时机地投资3亿元对8个项目进行技改延伸，个个项目建设快、见效快。热带、铜带、冷带等产品都迸发出了市场活力。

特色之三，品牌产品，三业齐飞。华西村以名村、名人的无形资产为依托，大力实施名牌战略。

案例二　超级计算机天河二号六连冠

2013年，中国天河二号正式亮相，在此后的三年里，天河二号在全球超级计算机榜单上保持"六连冠"——第一把交椅。天河二号是当今世界上运算速度第二快的超级计算机，综合技术处于国际领先水平。

它有五大特点：一是高性能，峰值速度和持续速度都创造了新的世界纪录；二是低能耗，能效比为每瓦特19亿次，达到了世界先进水平；三是应用广，主打科学工程计算，兼顾了云计算；四是易使用，创新发展了异构融合体系结构，提高了软件兼容性和易编程性；五是性价比高。

2013年，在德国莱比锡举办的2013年度全球超级计算机技术大会上，负责调查有关全球各国研发大型超级计算机排行情况的国际大型超级计算机TOP 500组织，公布了最新全球超级计算机TOP 500强排行榜榜单；在本次大会上，由中国政府国家科技部与中国国防科学技术大学共同研制的名为"天河二号"（又称银河2号）的大型超级计算机以每秒33.86千万亿次的浮点运算速度成为全球最快的超级计算机。2014年6月，由国防科技大学研制并落户国家超级计算广州中心的"天河二号"超级计算机，23日再次荣登全球超级计算机500强排行榜榜首，获得世界超算"三连冠"。"天河二号"超级计算机是国防科技大学承担的国家"863"计划和"核高基"国家科技重大专项项目。2014年11月，在美国新奥尔良市召开的世界超级计算机大会上，"天河二号"在国际TOP500组织首次正式发布的超级计算机高性能测试排行榜上位居世界第一。此前，由该组织发布的第44届世界超级计算机500强排行榜中，"天河二号"以峰值计算速度达每秒5.49亿亿次、持续计算速度达每秒3.39亿亿次位居榜首，获得"四连冠"。2015年7月13日，国际TOP500组织在德国举行了2015年国际超级计算机大会，并在大会上发布全球超级计算机500强最新榜单，中国"天河二号"以每秒33.86千万亿次的浮点运算速度第五次蝉联冠军，获得"五连冠"。2015年10月16日，新一期全球超级计算机500强榜单在美国公布，"天河二号"超级计算机以每秒33.86千万亿次连续第六度称雄。

2016年6月20日，新一期全球超级计算机500强榜单公布，使用中国自主芯片制造的"神威太湖之光"取代"天河二号"登上榜首，中国超级计算机上榜总数量也有史以来首次超过美国，名列第一。

案例三 中国高铁，靠创新领跑时代

耗时半个世纪，日本新干线铺设了2 325公里；历经20载，德国城际高铁贯通了1 560公里；金秋9月，中国高铁运营里程突破2万公里，超过世界其他国家高铁里程之和，历时14年。

高铁更长了，中国更小了。从20世纪末的六次大提速，到21世纪初的"四纵四横"路网规划亮相，再到今年的版图再扩容……中国高铁跨越塞北风区，蜿蜒岭南山川，驰骋东北雪海，穿梭江南水乡，路网越织越大，车次越开越密，"和谐号"正让中国越变越小，让"说走就走的旅行"越来越多。

高铁更成熟了，旅客更踏实了。从2007年首列国产化时速300公里动车组下线，到2010年京沪高铁创下时速486.1公里的世界纪录，再到2013年夏中国标准动车组以420公里时速实现交会……高铁走出影视作品，走下教科书，从陌生概念变为大众出行优选，累计安全运送旅客突破50亿人次。中国已不仅是世界上高铁里程最长的国家，也是高铁安全运输规模最大的国家。

一座座新城因高铁拔地而起，一家家企业因高铁实现弯道超车，一条条旅游线路因高铁由冷转热……就连那些曾经怀疑、嘲讽中国高铁战略的海外媒体，如今也不得不承认，高铁成为中国崛起为世界超级大国的最新象征。中国人当然有理由自豪。这趟时代列车送给我们的，不仅是时空观念的巨变、经济版图的重构，更有一笔隐形财富，大国崛起的铿锵步伐与道路自信。

我们从高铁模式中汲取自主创新的中国智慧。发展中国家如何冲破国外技术封锁，以更短的时间后来居上？从零起步是一种选择，但站在巨人的肩膀上才能抢抓战略机遇期。站在巨人的肩膀上，既有爬得更快的优势，也有摔得更狠的风险，高铁将何去何从？大国重器的创新需要发挥"集中力量办大事"的制度优势。打破门第之争、放弃个体利益，有重点、有选择地引进国外最先进的技术平台，制造与研发团队握指成拳，开放互通，博采众长，为我所用，形成后发优势，真正实现了市场资源、科研资源利用效率的最大化。当中国高铁屡屡填补世界空白、刷新世界纪录之时，曾借力于巨人的我们，已成为新的时代巨人，这条符合中国国情、充满中国特色的创新之路又何尝不是值得分享的宝贵财富。

六、学习建议

学习本节,学生应该掌握中华民族时代精神的主要内容,了解改革创新是时代精神的核心和灵魂。

第四章 领悟人生真谛 和谐人生环境

第一节 树立正确的人生观

一、学习重点

通过本节内容的学习,学生明确人生观的内容,理解其对于个人成长和发展的重要意义,让学生端正人生态度,正确面对和处理人生中的矛盾和问题,自觉抵制错误人生观的影响,正确认识自我,引导帮助学生树立正确的人生观并以此指导自身成长。

二、典型案例

黑土麦田里的守望者——秦玥飞

"在殿堂和田垄之间,你选择后者。脚踏泥泞,俯首躬行,在荆棘和贫穷中拓荒,洒下的汗水是青春,埋下的种子叫理想。守在悉心耕耘的大地,静待收获的时节。"——这是《感动中国2016年度人物》写给秦玥飞的颁奖词。

秦玥飞,耶鲁大学毕业生,是感动中国2016年度人物、CCTV最美村主任、现任湖南省衡山县福田铺乡白云村大学生村主任、黑土麦田公益(Serve For China)联合发起人。他曾以托福满分的成绩考入美国耶鲁大学,享受全额奖学金。获得双学士学位,以优异成绩毕业后,他放弃跨国公司的高薪,毅然选择回到祖国当村主任,扎根基层,服务农村,至今已有六个年头。

2011年,秦玥飞从耶鲁大学毕业,选择来到湖南的一个小山村,走上一条进基层、当村主任的实干路。为了尽快融入村民,秦玥飞改掉"一天洗两次澡"的生活习惯,长期穿着老乡送的一双解放胶鞋。夏天的T恤稍微花哨点,他便反过来穿。为了能让村里的老人记住自己,他尽量以固定颜色和样式的穿着出现在老人面前。仅仅一年时间,无钱无背景的他，为当地改善水利灌溉系统、硬化道路、安装路灯、修建现代化敬老院、为乡村师生配备平板电脑开展信息化教学……从一个听不懂衡山话，被乡里人质疑的"海归"，到帮助村民引进80万元资金，建起新敬老院等多个公共项目，秦玥飞一干就是三年。秦玥飞成了"贺家山的人"，村民们都亲切地叫他"耶鲁哥"。有朋友形容秦玥飞是理想主义者，他自己则更正为是"有理想的践行者"。2013年，秦玥飞被评为"最美村主任"，立个人一等功一次。

2014年，第一任村主任服务期满，秦玥飞认为"输血"并非可持续的乡村发展模式，放弃提拔机会，转至白云村续任大学生村主任，用"造血"建设乡村。他带领村民创办农民专业合作社发展山茶油产业，通过创业创新为当地创造可持续发展动力。

2015年，为吸引更多优秀人才服务乡村，秦玥飞与耶鲁中国同学发起了"黑土麦田公益"项目，招募支持优秀毕业生到国家级贫困县从事精准扶贫和创业创新。2016年，近30名来自清华、北大、复旦、人大、中国社科院等院校的"乡村创客"在15所村庄开展产业扶贫与创业创新，得到当地政府与村民好评。这是一个机会，是为中国的有志青年准备的机会，去农村追逐梦想，帮助更多的贫困人口脱贫，改善乡村面貌。

为什么目光总聚焦乡村？这个一直想在"公共服务领域干点事儿"的年轻人，把村主任看作实现自己梦想的最重要舞台和起点。秦玥飞想用自己的所学和所长为国家的发展出一份力。他认为，大学生村主任是一个非常好的开放性的平台，农村各个领域的事物都可以通过这个平台去学习。利用这个平台，秦玥飞想很好地服务村民，想更好地了解自己和自己的国家。"我觉得乡村有巨大的人口在那，而且幅员非常辽阔，有很大的潜力，当然也存在一些改进的空间。正好是年轻人施展才华、施展抱负的地方。"这个梦想秦玥飞越来越坚定。

三、案例思考

1. 秦玥飞的事迹告诉青年人应该树立怎样的人生理想？
2. 秦玥飞的选择，体现了他怎样的人生价值观？

四、案例点评

一个曾以托福满分成绩考入美国耶鲁大学，享受全额奖学金，获得双学士学位的高才生，毕业后放弃跨国公司的高薪，毅然选择回到祖国当村主任，扎根基层，服务农村。这需要怎样的勇气和决心，是什么让他放弃这一切？值得我们思考和学习。

人生要有梦想，奋斗要有目标，人活着要有价值；个人的价值要和社会价值紧密结合起来，个人利益要与人民群众的利益紧密结合起来，秦玥飞就是如此，放弃繁华的城市生活，奔赴艰苦的农村，将自己所学、所长用于农村建设和发展，在奉献中创造和实现了人生价值。

五、延伸案例

案例一　哈佛精英的人生轨迹

1970年，美国哈佛大学对当年毕业的天之骄子们进行了一次关于人生目标的调查：27%的人，没有目标；60%的人，目标模糊；10%的人，有清晰但比较短期的目标；3%的人，有清晰而长远的目标。

1995年，即25年后，哈佛大学再次对这一批1970年毕业的学生进行了跟踪调查，结果是这样的：3%的人，25年间他们朝着一个既定的方向不懈努力，现在几乎都成为社会各界的成功人士，其中不乏行业领袖、社会精英；10%的人，他们的短期目标不断实现，成为各个行业、各个领域中的专业人士，大都生活在社会的中上层；60%的人，他们安稳地生活与工作，但都没什么特别突出的成绩，他们几乎都生活在社会的中下层；剩下27%的人，他们的生活没有目标，过得很不如意，并且常常在抱怨他人、抱怨社会、抱怨这个"不肯给他们机会"的世界。

其实，他们之间的差别仅仅在于：25年前，他们中的一些人知道自己的人生目标，而另一些人不清楚或不是很清楚自己的人生目标。

案例二　周月华、艾起：残疾乡村医生夫妇

周月华，女，43岁，重庆市北碚区柳荫镇西河村乡村医生，艾起是她的丈夫。

周月华出生后8个月被诊断为先天性小儿麻痹症，左腿残疾，这一切并没有摧垮她生活的意志。凭着自己的执着，周月华完成了中学学业并成功从卫校毕业。

在找工作的过程中，周月华因身体残疾而四处碰壁。后来，看到乡亲们每次都要步行几个小时才能到镇上医院看病，她就动了行医的心思。

周月华将平时省吃俭用下来的200元加上家中仅有的600元储蓄作为开诊所的启动资金，又把家里堂屋修整出来做场地，药品采购则靠两个弟弟用小竹筐一筐筐往回背，1990年11月，周月华的"柳荫镇西河村卫生室"终于正式挂牌营业了。

"我喜欢我的工作，喜欢我现在所做的一切。"周月华说道，"住在偏远地方，农民看病要走上好几个小时。所以我现在多做一点，让乡亲们少跑一点，少花一点，自己会感到很开心。"

最开始行医时，周月华右肩挎的是药箱，左肩挂着拐杖在山间艰难地行走，这种行医

方式直到她遇到了人生中的第二条左腿——她的丈夫，艾起。

周月华和艾起结婚之后，无论跋山涉水，刮风下雨，只要有出诊，艾起便会挽起周月华的手，用宽阔的后背将她背到病人家里。"背你一辈子，我无怨无悔！"这个男人用20年的行动，默默支持着妻子的事业。

二十多年来，她硬是靠着拐杖和丈夫的后背，"爬"遍了方圆13平方公里的大小山岭，为辖区近5 000村民送去了医疗服务。

"没有他，这么多年，我做不到的。"周月华说道，"他是我这辈子的第二条左腿。""我背着她走了18年。我说过要背她一辈子，就要实现这个诺言，永远都不放弃。"周月华的丈夫艾起说。

案例三　发愁的老太太

相传一位老太太有两个儿子：大儿子卖伞，二儿子晒盐。为了两个儿子的生计，老太太天天犯愁。愁什么呢？每逢晴天，老太太就念叨：这大晴天，伞可不好卖哟！于是为大儿子愁。每逢阴天，老太太又嘀咕：这阴天下雨的，盐可咋晒？于是为二子愁。老太太愁来愁去，日渐憔悴，终于成疾。两个儿子不知如何是好。幸有一智者献策："晴天好晒盐，您该为二儿子高兴；阴天好卖伞，您该为大儿子高兴。这么转个看法，就没愁喽！"这么一来，老太太果然变愁苦为欢乐，心宽体健起来。

看来，在审视、思考、评价某一客观情境时，学会转换视角，换个角度看问题，常会使痛苦不堪的心情变得轻松愉快起来。并不是任何客观现实都可以逃避。这时候就需要我们换个角度来看待问题。有时候，同一现实或情境，如果从一个角度来看，可能引起消极的情绪体验，陷入心理困境；从另一角度来看，就可以发现积极意义，从而使消极情绪转化为积极情绪。

案例四　人才，应到祖国最需要的地方去

（一）人物简介

李建保，男，1959年生于江西南昌，1982年毕业于原长春地质学院结晶矿物学专业，1985年3月获日本国立山口大学理学院理学硕士学位，1988年获得日本东京大学工学院工学博士学位，之后回国到清华大学工作。担任清华大学材料系教授、博士生导师，担任新型陶瓷材料国家重点实验室主任、清华大学学术委员会秘书长、中华全国青年联合会常委、北京市青年联合会副主席、全国留日学人活动站主任和欧美同学会留日同学联谊会副会长等职务。2001年担任国家"863"高新技术计划高性能结构材料专家组组长；2002年4月至2005年任青海大学校长，并在清华大学继续从事科研和教学工作，承担国家科研基金和高新技术多项。2007年9月5日起，被任命为新海南大学校长。2008年当选为第十

一届全国人大代表。

（二）困难的抉择

2001年7月，担任着新型陶瓷与精细工艺国家重点实验室主任的李建保当上了国家"863"高新技术计划高性能结构材料专家组组长，他的学术空间越来越大，学术道路越来越宽阔。时隔不久，青海省向清华大学提出了在清华物色一位教授担任青海大学校长的想法，人生的又一次重大抉择摆在了李建保的面前。

去，还是留？李建保内心激烈地进行着斗争。对一名学术骨干来说，清华大学良好的学术氛围让人难以割舍。尽管清华大学会为他保留一切工作关系，但是到遥远的西部担任一所大学的校长，角色的转变、条件的差距、地域的距离都肯定会影响到他的科研工作。李建保在去留之间徘徊，家人朋友也极力劝阻。然而，李建保最后还是下了到西部去的决心。李建保一直都坚持着一种想法：只有把自己的才能与国家、社会的需要结合起来，路才会越走越宽。

正是在这种成才观的指引下，李建保做出了一次又一次重大的人生选择，事实也一次又一次地证明了他选择的正确：1985年，面临硕士毕业的李建保目睹了日本高科技的快速发展，其中，热门的新材料专业与他原来学的专业相去不远，想到百废待兴的中国肯定也需要这样的高科技，于是他冒着风险转科报考了东京大学新材料专业的博士生；1988年，李建保在获得东京大学的博士学位后，第二天就回到国内，同年下半年，"863"高新技术计划正式启动，科学的春天真正来临了，此后全社会重视科学、崇尚科学的氛围越来越浓，赶上好时候的李建保在新材料学术领域潜心钻研，很快获得了科研上的成功；2002年，李建保从清华大学前往青海大学任校长，在西部大开发的大背景下，经过李建保个人的不懈努力和社会多方面的大力支持，青海大学实现了跨越式的发展，曾经对学校失去希望的青海大学师生找到了新的人生目标，许多人的人生道路因此而发生了改变。虽然在学术上做出了一些牺牲，但李建保说，当他看见青海大学师生自信的笑容时，就会产生很强的成就感。

在西部，在大学校长的岗位上，李建保欣赏了另一种成功的风景。他说，不管是潜心科研，还是投身西部开发建设，只要把握住时代脉搏，把自己的发展方向与社会需要结合起来，就能获得成功。

六、学习建议

在了解不同时期爱国主义内容的基础上，从实践中去体会爱国主义的时代价值，以实际行动做一个忠诚的爱国者。

第二节 促进自我身心的和谐

一、学习重点

通过对本节内容的学习，学生树立现代健康观念，了解健康及心理健康的标准，认识到大学生心理健康的重要性和必要性，引导大学生掌握必要的相关健康知识，形成良好的心理素质。

二、典型案例

校园悲剧

夜晚的校园，静谧安详，然而，一把高高举起的尖刀瞬间打破了这份宁静，两个天之骄子的命运也随之发生了翻天覆地的变化，一个化为尘烟，一个则沦为了阶下囚。

是什么原因让他对自己的"上铺兄弟"下此毒手？人们也为其揣测出了众多"版本"。

法庭上的一问一答终于让人们看到了整个事件的真相，也让人们不禁感到心寒、惋惜，并陷入深思。

小郭出生于1986年，成长在一个普通的工人家庭，家境较为清贫，因此生活也比较节俭。小郭的父亲原是某市一家企业的工人，在小郭上大学时就已下岗18年了。他的母亲则是某市一家大型超市的清洁工。小郭还有一个姐姐，他刚考上大学时姐姐也正上大学。为了供姐弟俩上大学，父母长年劳累。小郭从小就很懂事乖巧，话不多说，常为父母分担劳苦，学习也很刻苦。终于，小郭没有辜负父母的殷切期望，考上了知名的大学。和所有的父母一样，小郭的父母在小郭开学前也有很多的叮嘱与期望。就这样，小郭带着家人的期望和自己的梦想踏进了大学的校门。

刚刚踏进大学校园的小郭对大学充满好奇，也开始学着安排自己的学习生活，学着与同学们和谐相处。

自上大学以来，小郭的上铺兄弟小赵就爱打呼噜，小郭因此经常半夜不能入睡。有一次，小郭用手机拍下小赵上课时睡觉的照片，还录下了他打呼噜的声音，然后用电脑编辑成视频，上传到学校的校园网上，一方面是想跟小赵开个玩笑，另外也算是对小赵的警示。事后他把这事告诉小赵后,小赵当即大怒,并告诉他从此断绝朋友关系,此后两人果真很少说话。小赵便经常借机辱骂小郭,然而从小沉默寡言的小郭却有着极强的自尊心,小赵的言语让他觉得人格受到了侮辱,自尊心受到了伤害。悲剧的祸根因此埋下。

小郭在法庭上供述,他曾三次被小赵辱骂的事情。第一次是大四刚开始的时候,有一天,他和同学一起回寝室,他在后面关门,小赵嫌他关门声大,便骂他;第二次是他刚开始接触魔兽世界游戏的时候,因为刚开始玩不太懂,曾被小赵骂过。这两次被骂他也没还过嘴,因为他担心还嘴会发生更坏的事情,比如打架什么的。但是却让他感到自尊心受到了极大的伤害,一直觉得不舒服。第三次也是最后一次,矛盾发生在案发前两天,当时他和小赵都在寝室里玩游戏,小赵游戏里的人物角色被盗贼角色杀了,就骂盗贼真傻,并说玩盗贼的人都有心理疾病。因为当时寝室里只有他,而且就他自己在魔兽世界中玩盗贼,所以他感觉小赵就是在骂他,他深感自尊心和人格受辱,当即下决心,不能再受欺负,便有了杀死小赵的想法。

被辱骂后的第二天,小郭独自一人到学校附近的市场上花9元钱买了一把尖刀,并放在书包里悄悄带回寝室。那天晚上,他一直玩游戏,直到11点半熄灯时才躺下,但没睡着。到凌晨3点半左右,他起来拿出刀,走到小赵床前,站在床头的桌子上面,右手握刀,左手掀开小赵的被子,朝他胸部扎了几刀,然后拉起他的被子,捂住他的嘴,直到他不动了才松手。

短短几分钟,一个生命就这样在这个静谧的夜晚消失了。而小郭则走到自己的床前,把刀扔到地上,用自己的手机拨打了"110"报警。这时他们寝室的其他人也都起来了,有的打校园"110",有的打"120",有的找管理员,有同学想去拿地上的刀,他没让。他坐在自己的床上,用毛巾擦手上和身上的血,擦完以后,把衣服穿上,坐在床上等警察来。在这个过程中,他给平时要好的几个同学和姐姐发了几条短信,给同学发的信息内容是把自己的游戏账号和密码告诉他们,给姐姐发的短信内容是告诉她自己的手机密码,如果她以后想用这部手机就知道开机密码了。打"110"就是因为自己犯法了,想主动报警接受法律的制裁。在这个宁静却恐怖的夜晚,另一个生命也将宣告结束。

然而,在法庭上,我们分明看到了小郭满脸写着懊悔。任凭母亲在庭下泣不成声,他始终没有回头看一眼,只是在庭审结束时用余光瞄了一眼旁听席,因为他害怕看到亲人、朋友为他失望、伤心的样子。在法庭最后陈述的阶段,小郭言语中带着悔意:"我痛恨自己的罪行,毕竟对社会造成了巨大危害,对被害人家属在精神和经济上造成了损失,在这里,我要向被害人家属说声'对不起',但我更对不起自己的家人,对不起亲人、朋友,对不起一切曾关心帮助过我的人。今生报答不了,来世再报。"可是后悔已晚,法院最后作出判决:小郭故意杀人罪罪名成立,判处死刑,缓期两年执行,同时附带民事赔偿,共计65万余元。四年前,父母亲人的期望、小郭自己的梦想,都随着法槌声落而烟消云散。

三、案例思考

请思考小郭杀人的根本原因是什么？从本案例中我们能得到什么教训？如何正确认识大学生心理健康教育的重要性和必要性？怎样提高自身的健康素质？

四、案例点评

现今社会，作为一个开放大国的公民，应该有健康的心态和人格。现今社会，也是一个利益交错的社会，它要求我们学会正确调适自己的各种不良心理反应。

从案件中我们看到，小郭属于一个非常内向的男生，很多积怨他都没有表达出来，反而压在内心。在第一次、第二次被骂后，小郭没有选择与对方和解，反而把愤怒压在心里。这样，所谓的恨就成为他行为的导火索，让他没办法克制自己的行为，从而让这种愤怒扩大化，自己没有办法解决，才会想到如此极端的做法。总的来看，他的做法比较极端，属于单行线、直线思维，钻牛角尖，没有一个更广阔的视野，思维比较偏执、狭隘。

该起校园悲剧的教训，更使我们认识到，一个人的学历层次越高，就越要提高自我的心理素质，加强心理承受能力，培养健康的情感机制。我们可以从以下几点着手：

一是提高自身的社会化程度。通过积累丰富的社会经验、经受艰难困苦的磨炼，提高对挫折的容忍力，从容应付和理智控制社会对自己的每一个挑战。二是端正自我意识。正确认识和处理个人与社会、集体、他人的关系，牢记良好的、和谐的人际关系是自我发展的重要前提。三是塑造优良的个性心理品质。树立远大理想，开阔其胸怀，坚强其意志，乐于接受没有经历过的生活经验、价值观念和行为方式，既要坚决果敢，又不僵化走极端，始终将自己的社会行为置于权利、义务和责任的交叉点上。

五、延伸案例

案例一　酸葡萄和甜柠檬心理

读过伊索寓言的人都知道狐狸吃葡萄的故事。狐狸非常饥饿，独自徘徊在葡萄藤下。这时，它看到一串串已经成熟并透着香气的葡萄垂涎三尺。眼看就悬挂在头上，但是它实在是用尽了全身的力气向上跳起也无法够着它们。最后，他不得不放弃。开始它还有些沮丧，但转念又对自己说："嗨，算了吧！虽然它们看上去很好看，没准这些葡萄还是酸的，不吃也罢！"既然是酸的，那没有什么好吃的，狐狸于是平静地走了。走着走着，狐狸看见路上掉了个酸柠檬。饥饿难耐的它捡起柠檬就往嘴里塞，虽然柠檬很酸，但是它自我安慰道："这柠檬正合我的口味，我就喜欢吃酸的。"借用这个故事，心理学把个体所追求的目标受到阻碍而无法实现时，以贬低原有目标来冲淡内心欲望、减轻焦虑情绪的行为称为"酸葡萄心理"。生活中常常可以见到这类行为。例如，考学失败，却说本来就没想上。当个体所追求的目标受到阻碍而无法实现时，为了保护自己的价值不受外界威胁，维护心理的平衡，当事人会强调自己既得的利益，淡化原来目标的结果，以减轻失望和痛苦。这种心理反应被称为"甜柠檬心理"。例如，考试失利，就说早工作早挣钱；真考上了就是在经济上就亏大了。

酸葡萄心理和甜柠檬心理都是在个体遭受挫折，无法达到目标，不能满足愿望，为减轻痛苦和紧张时，保护自尊而采取的心理防御作用，为自己找理由辩护，自圆其说。从心理健康的角度看，有一定意义，在某种程度上也可以起到缓解消极情绪的作用。但真正应付挫折，不能只停留在自圆其说上。当情绪稳定后，应该冷静地、客观地分析达不到目标的原因，重新选择目标，或改进努力方式。

案例二　当生活的聚光灯转向时

阿迪来自广东，以优异的成绩考上了北方一所著名大学。正当他踌躇满志，准备在大学大展身手时，却遭受了他生命中最刻骨铭心的打击和重创。在读高中时，优秀的阿迪是全校瞩目的焦点人物，而到了大学后，他却痛苦地发现，生活的聚光灯不再照着他，他已不再站在舞台的中央。

首先，阿迪被语言难住了。他蹩脚的普通话成了别人的笑料。开学的前几个月，他几乎天天沉浸在语言的苦闷里。这让已经熟悉了赞扬和掌声的阿迪很不习惯。其次，人际关系也让他很受打击。高中的阿迪算得上辉煌，那时他学习成绩特别好，总是全校第一，深受老师的宠爱。身边时常聚集着一帮朋友，也自然成为女孩子注意的焦点。在朋友的眼里，阿迪慷慨、义气、正直，有号召力，大家都以和阿迪做朋友而骄傲。可是到了大学，一切都颠倒了。为了避免在人前因为笨嘴笨舌而丢脸，他常常独来独往，和寝室里的同学一天也说不上几句话。在同学眼里，阿迪是个个性孤僻和怪异的人。阿迪和班上女生的关系也处得不好。在阿迪眼里，那些女生既不漂亮，也没品位，不屑于和她们说话。当然，女生对阿迪的态度也很淡漠。但最令阿迪失望的是他的学习成绩。第一学期结束时，阿迪在全班排倒数第五，这给了他巨大的打击。一向引以为豪的东西都荡然无存了，他整个人都耷拉了下来。

虽然阿迪表面上看起来轻松和高傲，但内心的焦灼和自卑却欺骗不了自己。一个人独处时，阿迪的心情十分沉重、压抑和孤独。没有朋友的日子不好过，没有精神支柱的日子更不好过。这时阿迪想到了高中时最要好的一个朋友，想找到他倾诉，于是天天给他发E-mail，但却不好意思告诉朋友自己的真实处境，怕让高中同学了解到自己的窘境。阿迪强烈地意识到自己必须寻找一个精神支柱。他想到了谈恋爱，认为交一个女朋友可以在情感上彼此支撑，共同抵挡外界的风雨。更重要的是，阿迪认为这样就可以不用在乎其他的人际交往了。于是阿迪鼓足勇气约出了一个令他心动的外系女生。不料那个女生冲他说："我怎么可能和你是朋友？"虽然从一开始，阿迪就是抱着试试看的游戏心态，但事情过去了两个月，他仍然沉浸在失恋的沮丧和自责之中，觉得自己很失败，甚至认为这对在中学引领潮流、呼风唤雨的他来说，简直是耻辱。阿迪觉得自己几乎就要跌入人生的最低谷了。他感觉在大学没有人理解他，没有人欣赏他，没有人看到他的巨大潜力，大学里的一切都跟他过不去。一句话，阿迪认为自己不属于那所大学，留在那所大学也将无所作为。

阿迪开始想申请休学或转学。打电话问妈妈的意见，妈妈并不强求他留下，甚至希望他回去，但她给阿迪自己选择的自由。整整一个星期，阿迪的心情十分矛盾，一直在掂量这件事情。留在北方，他将继续面对以前从来没有面对过的艰难困境，真怕自己吃不消；若回广东读大学，那一切就容易多了。但是，阿迪当初放弃广东决心出省，就是想证明自己独立生活的能力。因此，他又不想这样一事无成灰溜溜地回去。为此，阿迪还到校医院心理卫生科咨询，医生也鼓励他坚持下去，磨炼自己的意志，并告诉阿迪，要想获得朋友，首先就得让别人了解自己。医生的话让阿迪灵机一动，他连夜制作了一个调查表，希望通过调查表增进与同学的相互了解。男生的反馈很快收到了，他们在"正直""诚信"等栏里给了阿迪较高的分数，而在"容忍""亲切""团队合作"项目里给的分数极低。女生的调查反馈更让阿迪寒心。所有女生在各项选项上都给了他极低的分数。最刺伤他的是，她们在"你认为我应该改掉的缺点"一栏填写了"不正常""自卑""做作""爱出风头""不会做人"这样的话。阿迪彻底失望了，他由刚进校时的理想主义者变成了自卑者，直到大三才慢慢走出来，但却已丧失了原来的斗志。

案例三 租人生网上流行 女大学生每天500元出租自己

20岁的叶紫（化名）是武昌一所高校的大二学生，学艺术的她面容姣好，明眸善睐。两个月前，她在一家"租人"平台上注册，以每天500元的租金"出租"自己。她挂出去的照片很快引起他人注意，两个月下来，她已赚了数千元。"主要是陪别人吃饭、看电影、打游戏，只要不突破底线，都可以。"叶紫称，当时"出租"自己主要是因为好玩，加上课余时间比较闲，大学生生活无聊，所以把自己"租出去"玩玩。

大连一知名网站的论坛上出现了一个"出租自己"的帖子，引起了许多网友的注意。帖子称，"本人欲将自己出租，只要不违背法律的要求，都在考虑范畴！陪聊、陪逛、陪吃……价格再议。"发帖人自称是一名22岁刚从新西兰回国的大学生，"出租自己"只是因为"太无聊"。

在南京某一大学读书的小菲（女，化名），和男朋友分手后，在网上看到"租用女友",她觉得给别人当"临时女友",既好玩又能挣钱。于是,20岁的她找到了一家租友网站,将自己的个人信息挂了上去。很快,就有一名山东籍男子"相中"了她。这名男子主动联系了小菲,邀请她到山东去。小菲没有想到,这是一趟惊悚的旅程。"刚开始还算正常,带我逛街吃饭。"小菲告诉记者,自己与这名男子见面后,按照之前商量好的"陪吃饭、陪逛街"的流程开始"干活"。"到了晚上,他把我带到一个远郊的小出租屋,让我晚上住那里,还把我的手机收走了。"感觉情况不太对,小菲趁男子不注意,找个机会悄悄溜回了南京。

以上几个例子仅是大学生出租自己的个例,近年,出租自己是一些年轻人之间风靡的一种现象,一些人在网上发布出租信息,通过提供陪聊、陪吃等服务赚取收入,通过出租自己来赢得收入,打发无聊。但专家多次提醒,年轻人尝试新鲜事情没有错,但是却不能拿自己的人身安全冒险,出租自己是一种危险的游戏,有着很多不可预料、不可确定和控制的状况,这种行为不受法律保护,一旦发生违法犯罪行为,很难维护自己的权益。相当一部分大学生是在一种不成熟的状态下,凭着自己青春期的冲动,把任何事物都看得很美好。他们缺少挫折锻炼,心理承受力太弱。另外,在大学里,可能无形之中同学之间会有一个比较,比如同宿舍的人都有男(女)朋友了,但是自己没有,那么可能就造成一个心理落差,情绪上很不稳定,精神比较空虚。因此,年轻人特别是大学生应该树立正确的价值观,不要对生活耍任何小聪明,也不要玩心眼,不要妄想不劳而获,更不要幻想一夜暴富,踏踏实实工作,勤勤恳恳生活。

案例四 某高职院校大二学生因被女生拒绝跳楼身亡

小军(化名),男,20岁,某高职院校大二学生,在被爱慕女孩拒绝后,无法调整心理从图书馆楼上跳下,抢救无效身亡。小军大一刚入校时,装束朴实,性情憨厚,不善言谈,给老师和同学留下了很深刻的印象。但他勤奋好学,成绩比较出众。在一次偶然的机会中,他遇到了一个女孩,女孩热情开朗、能说会道,像花一般甜甜的笑脸给他留下很深刻的印象。之后,他陷入暗恋之中,整日精神恍惚,学习热情一点儿也没有了。经常在人群中寻找这个女孩的影子,想看她一眼,和她说一句话。有一天,他看见她和一个男生在一起有说有笑的,心里不知是什么滋味。他想把她忘掉,却总是失败,每次在路上遇到她,总要不由自主地多看她一眼。终于在一个周末,他鼓足勇气向女孩表白,但被女孩拒绝,于是他万分悲痛,无法理解,独自爬到学校图书馆,在手心写下女孩的名字后从楼上跳了下去,被老师送往医院后,经抢救无效死亡。当父母来到医院后,号啕大哭,几次母亲伤心晕倒过去,给亲人、朋友留下深深的伤害和遗憾。

六、学习建议

学生可以观看《心理访谈》等有关心理教育的电视节目,还可以到学校的大学生心理诊所等机构寻求帮助,学会自我调整,培养健康人格。

第三节 促进人生环境的和谐

一、学习重点

通过学习本节,学生增强对人际交往重要性的认识,懂得人际交往的原则,掌握人际交往的方法,培养人际交往的能力,促进人与自然、人与社会的和谐。

二、典型案例

口齿伶俐却遭冷遇

晓君是一个活泼、开朗、热情、坦率的女孩子。一进大学校门,她就积极主动地与周围同学交往,她希望自己在大学期间广交朋友,从别人身上吸取优点充实自己,并且也让自己能获得别人的肯定、接纳与喜欢。

于是,她不放过任何一个与别人交流、沟通的机会。其中,最主要的自然是言语交流。无论在宿舍里、在课间休息的时候,还是在结伴而行的途中,身边的任何一个话题她都会热烈地参与,而且她自己常常是各种话题的发起者。本来她就口齿伶俐、思维敏捷,加上平时注意拓展知识面,更重要的是她追求在言语交流上表现出色,因此,只要有她在场的交谈,几乎没有不以她为中心的。她说的话最多,自然占用的时间也最长,并且总是千方百计地把别人的注意力吸引到自己这一边来,或者竭力驳倒与自己观点不同的人。她为此而自我感觉颇为良好,有一种优越感。她以为这样更有利于在别人心目当中确立自己的地位。

然而,随着时间的推移,她渐渐发觉,最初同学们倾听她侃侃而谈时的专注、欣赏的表情消失了,代之以心不在焉、无动于衷,甚至有不耐烦的表情。不止一次,当她的言谈暂告一段落时,其他人都奇怪地默不作声,使她体会到无人回应的尴尬。她自我检查并没有说错什么,推测是自己的话别人不感兴趣,于是就换一个新话题继续说下去。但是,这样做的结果更糟,她明显感觉到已经有人在故意回避她了,主动跟她交谈的人就更加稀少。她陷入了从未有过的孤独与困惑。

直到有一天,当她又不由自主地滔滔不绝地说着的时候,一位同学以无比冷淡的语气甩给她一句："你说的尽是我、我、我……有没有完?"她愣住了,内心的什么东西被触动了一下。她问自己:"为什么会这样?"

三、案例思考

在人际交往中,应注意遵循什么样的原则?掌握什么样的交往技巧?如何在交往中培养真挚的友谊?

四、案例点评

这是一个典型的人际关系不良的案例。

大学阶段是大学生人际关系走向社会化的一个重要转折时期。和谐的人际关系既是大学生心理健康不可缺少的条件,也是大学生获得心理健康的重要途径。

几乎所有的人都懂得处理好人际关系的重要性,但在实际的交往过程中,总是或多或少地存在着一些不尽如人意之处,影响了人际交往的正常进行,甚至给自身带来一些心理阴影或造成心理疾病。案例中的晓君,入校时就已经注意到人际交往、友谊对她的重要性,也在行动中积极地去表现和争取,但最终却事与愿违。

人际交往不是七拼八凑的,而是在一定的原则支配下进行的。人际交往的原则有平等尊重原则、互助互利原则、宽容理解原则、诚实守信原则。从心理上讲,每个人都是天生的自我中心者,每个人都希望别人能认可自己的价值,支持自己、接纳自己、喜欢自己、欣赏自己、尊重自己。因此,在社会交往中,就更重视自己的自我表现,注意吸引别人的注意力,希望别人能接纳自己、喜欢自己。在本案例中,晓君正是在这种心理倾向的支配下忽视了人际交往中的一个重要原则——平等尊重原则。友谊是更深层次的人际交往,是我们一生不可或缺的一种感情,也是我们一生享用的一种财富,因此,我们同样要注意培养友谊的原则和方法。

五、延伸案例

案例一　母亲的账单

芬兰有个孩子叫彼得,他是一个商人的儿子,有时他顺便到他爸爸做生意的商店里去瞧瞧,耳濡目染了父亲在生意场上的所为。店里每天都有一些收款的账单要经办,彼得往往受遣把这些账单送往邮局寄走。渐渐地,他觉得自己似乎也已成了一个小商人。

有一天他突发奇想,也开了一张收款单给妈妈,索取他每天帮妈妈做点事的报酬。

于是，过了几天，彼得的母亲发现在她的餐盘旁边放着一份账单，上面写着：

母亲欠她儿子彼得如下款项：

为取回生活用品	20芬尼①
为把信件送往邮局	10芬尼
为在花园里帮助大人干活	20芬尼
为他一直是一个听话的好孩子	10芬尼
共计	60芬尼

彼得母亲仔细看过这份账单后，无声无语地在旁边放了60芬尼，同时也留下一张账单。晚上，小彼得在他的餐盘旁边找到了他所索取的60芬尼报酬。正当小彼得觉得如愿以偿、得意欣喜之时，突然发现在餐盘旁边还放着一份给他的账单。

彼得欠他母亲如下款项：

为在她家里过的十年幸福生活	0芬尼
为他十年中的吃喝	0芬尼
为在他生病时的护理	0芬尼
为他一直有个慈爱的母亲	0芬尼
共计	0芬尼

小彼得读着读着，感到羞愧万分！过了一会儿，他怀着一颗怦怦直跳的心蹑手蹑脚地走近母亲，将发烫的小脸蛋藏进了妈妈的怀里，小心翼翼地把那60芬尼塞进了母亲的围裙口袋。

小彼得就犯了心理过滤的错误，只看到自己为别人做的事，却看不到别人为自己付出的，你是不是也常犯这样的错误呢？

案例二 两个饥饿的人——合作胜于单干

从前，有两个饥饿的人得到了一位长者的恩赐：一根鱼竿和一篓鲜活硕大的鱼。其中，一个要了一篓鱼，另一个要了一根鱼竿，于是他们分道扬镳了，得到鱼的人原地就用干柴搭起篝火煮起了鱼，他狼吞虎咽，还没有品出鲜鱼的肉香，转瞬间，连鱼带汤就被他吃了个精光，不久，他便饿死在空空的鱼篓旁。

另一个人则提着鱼竿继续忍饥挨饿，一步步艰难地向海边走去，可当他已经看到不远处的那片蔚蓝色的海洋时，他浑身的最后一点力气也使完了，只能眼巴巴带着无尽的遗憾撒手人间。

又有两个饥饿的人，他们同样得到了长者恩赐的一根鱼竿和一篓鱼。只是他们并没有各奔东西，而是商定共同去寻找大海。他俩每次只煮一条鱼，经过遥远的跋涉，来到了海

---

① 1芬尼=5分人民币。

边。从此，两人开始了以捕鱼为生的日子，几年后，他们盖起了房子。有了各自的家庭、子女，有了自己建造的渔船，过上了幸福安康的生活。

一个人、一个群体的力量总是有限的。"众人拾柴火焰高"，真正伟大的力量在于团结协作，团结就是力量，团结使得1+1＞2，不团结则会产生1+1＜2的情况。汶川地震中我们能够坚强地挺住，2008年北京奥运会的圆满成功……所有这些都是13亿中国人民团结一心取得的成果。当今社会竞争日趋激烈，但是合作仍然是必不可少的。大学生要注意培养自己的合作意识，在生活、学习和工作中学会与他人合作，在合作中不断成长，不断提高自己。

案例三　都是雾霾惹的祸

2013年，"雾霾"成为年度关键词。这一年的1月份，我国从东北到西北，从华北到中部乃至黄淮、江南地区，都出现了大范围的重度和严重污染，全国先后有30个省（区、市）遭受雾霾天气侵袭，为1961年以来历史同期最多。在北京，1月份仅有5天不是雾霾天。10月下旬，哈尔滨成为首个因雾霾强制停课的城市。11月30日至12月上旬，我国中东部地区发生大面积雾霾污染，上海实行限产限污，吉林和南京等地中小学停课。南京连续雾霾导致很多老慢支、咽炎、过敏性鼻炎、哮喘等病人都感到不舒服。南京科大医院仅几天呼吸科的病人就增加了3～5成。更令人心悸的是，某日，因为浓重的雾霾导致122省道句容段能见度不足5米，该市白兔镇老人巫某在横穿省道时被一辆摩托车撞飞，受伤身亡。有报告显示，中国最大的500个城市中，只有不到1%的城市达到世界卫生组织推荐的空气质量标准，与此同时，世界上污染最严重的10个城市有7个在中国。不夸张地说，雾霾已经成为中国环境污染的第一词。

然而，雾霾并非老天爷开的一个玩笑，而是一个恐怖的恶魔。最著名的案例当属1952年12月发生在英国伦敦的"雾都劫难"。当时，连续的浓雾将近一周不散，工厂和住户排出的烟尘和气体大量在低空聚积，期间，有4 700多人因呼吸道疾病而死亡，雾散以后，又有8 000多人死于非命。这场灾难震惊了世界，成为20世纪十大环境公害事件之一。这场灾难后，人们开始反思空气污染造成的苦果，英国立法机构经过4年的研究，于1956年颁布了第一部《空气卫生法》。英国开始大规模改造城市居民的传统炉灶，减少煤炭用量，把发电厂和重工业迁到郊区；出台了一系列空气污染防控法案，对工厂选址和污染物排放严格监管，制定明确的处罚措施，优先发展公共交通网络，抑制私车发展，应对交通污染。经过50多年的治理，伦敦终于摘掉了"雾都"的帽子，城市上空重现蓝天白云。

案例四　"点石成金"的金昌模式

甘肃省金昌市因矿兴企、因企设市，是一座典型的资源型工矿城市，也是全国最大的镍钴生产基地、铂族贵金属提炼中心和北方最大的铜生产基地，被誉为"祖国的镍都"。然而，2003—2004年，在全国113个重点城市环境综合整治定量考核中，金昌市被列入全国十大重污染城市之一，"金娃娃"戴上"黑帽子"，这则消息像一记重拳敲打在全市人民的心头，更鞭策着金昌的决策者，探寻科学发展之路。无情的现实给金昌提出警示：在过度依赖资源的"单行道"上继续前行，最终的结果只能是"矿竭城衰"。

近年来，面对资源和环境的双重压力，金昌立足资源禀赋、产业基础和发展现状，把发展循环经济作为转变经济发展方式、实现资源型城市可持续发展的突破口，着力建设资源节约型和环境友好型社会，逐步走上了资源消耗低、环境污染少、技术含量高、经济效益好、人力资源得到充分发挥的新型工业化道路。目前，金昌已初步形成企业小循环、产业中循环、区域大循环的循环经济发展格局和具有金昌特色的循环经济发展模式。企业小循环就是以减量化为重点，节能减排，清洁生产。产业中循环就是以资源再利用为重点，围绕重点企业废弃物再利用招商引资，就地转化，变废为宝，实现相关产业共生发展。区域大循环就是以园区为平台，通过循环化改造延伸产业链，实现资源利用效益最大化。

2013年10月，国家发改委正式发文公布了全国60个循环经济典型模式案例，其中"金昌模式"被确定为全国区域循环经济12个典型案例之一，并编入中组部全国干部培训教材。国家发改委概括的"金昌模式"特征为：通过构建资源循环利用产业体系，从依赖单一资源发展向多产业共生发展转型的资源型城市循环经济发展模式。认为该模式对于同类地区具有重要的借鉴意义。

此外，金昌为破解环境污染困局，大力实施"蓝天碧水"工程和河西堡工业区环境达标治理三年规划，先后被评为国家卫生城市和甘肃园林城市。不到十年时间，金昌市成功打破了"资源型城市难以脱污、再生利用"的魔咒，甩掉了头上的"黑帽子"，走出了一条点石成金的循环经济发展之路。

这是逼出来的路子，更是科学发展的抉择。

六、学习建议

在了解国家安全观、国家安全有关制度的基础上，自觉承担维护祖国安全、荣誉和利益的义务。

第五章　加强道德建设　遵守道德规范

第一节　继承和弘扬优良道德传统

一、学习重点

通过对本节的学习使学生了解伦理道德方面的基本知识并具备基本的理论基础，引导大学生对中华民族的优良道德传统有正确的认识，提高其继承和弘扬优良道德传统的责任感和自觉性，并提高道德修养的自觉性。

二、典型案例

感动中国人物——洪战辉

（一）23岁大学生洪战辉携妹求学12年

洪战辉，湖南怀化学院的一名在读大学生，在11岁那年，家庭突发重大变故：父亲疯了，亲妹妹死了，父亲又捡回一个遗弃女婴，母亲和弟弟后来也相继离家出走。洪战辉稚嫩的肩膀过早地压上了生活的重担。

从读高中时开始，洪战辉就把这个和自己并没有血缘关系的妹妹带在身边，一边读书，一边照顾年幼的妹妹，靠做点小生意和打零工来维持生活，并把妹妹带到自己上大学的异地他乡。

（二）13岁小男孩成了洪家的顶梁柱

1982年，洪战辉出生在河南省周口市西华县东夏镇洪庄村。在12岁之前，洪战辉和众多农村的男孩一样，有着一个天真烂漫的童年，有着父亲、母亲、弟弟、妹妹和他共同组成的家庭，尽管生活很艰苦，但也很幸福。

1994年8月底的一天，生活跟洪战辉开了个天大的玩笑，他的人生之路从此转弯。

那天中午,洪家发生了一件震惊全村的事儿——洪战辉的父亲洪心清突然发疯,不但把家里的东西都砸坏了,还殴打自己的妻子。洪战辉的妈妈看到这种情况,赶紧去叫人帮忙把洪心清送到医院。但是慌慌之中,却把只有1岁的小女儿留在了屋内。等大家赶到时,1岁的妹妹已经被爸爸摔在了地上,送到医院时已经没气了。洪心清得了间歇性精神病,妹妹也永远离去了。

而此时的洪战辉,正上小学五年级,还不满12岁。这年的腊月二十三,疯疯癫癫的洪心清临近中午还没回家吃饭,洪战辉就和妈妈一起去找,在离村5里地的一棵树下,父亲不知从哪儿捡回一个被遗弃的女婴。

天快黑的时候,一家人把孩子抱回了家。洪战辉一抱上小女孩,小女孩就直往他怀里钻,这使他想起了妹妹。洪战辉给女婴起名叫洪趁趁。

1995年8月20日,吃过午饭后,母亲不停地忙着蒸馒头,直到馒头足以让一家人吃一周之后,她才停了下来。第二天,母亲不见了。她因不堪家庭重担和疯丈夫的毒打,选择了逃离。

"娘,你去了哪里?回来吧!"弟兄俩的哭声在暮色中飘了很久。他们不想这样失去母亲,不想失去生活的依靠,洪战辉哭喊着和弟弟四处寻找妈妈。

似乎一夜之间,13岁的洪战辉便突然长大了。他稚嫩的肩膀开始接过全家生活的重担:抚养幼小的洪趁趁,伺候病情不稳定的父亲和年幼的弟弟,寻找出走的母亲。

此时,洪战辉已到西华县东夏镇中学读初中,学校离家有两三公里。每天上学的时候,怕患病的父亲伤害小妹妹,他就把小趁趁交给自己的大娘照看,放学回到家里,再忙着准备全家人的饭。因为趁趁还未断奶,无奈之下,洪战辉只得抱着女婴向附近的产妇们讨奶吃。但天天讨奶也不是办法,洪战辉开始学着卖鸡蛋、卖冰棍挣钱,买奶粉喂养妹妹。

在读初中的3年中,洪战辉无论是在早上、中午还是下午、晚上,都要往返于学校和家之间,及时照顾全家人吃饭。

1997年7月,洪战辉初中毕业,成为东夏镇中学考上河南省重点高中西华一中的3名学生之一。

(三)"我要挣钱读书,我要养家"

"接到录取通知书时,我正收拾行李准备出去打工。"洪战辉对记者说,"我要去挣钱读书,我要养家。"

当时清醒的父亲用家里的一袋小麦口粮换了50元,颤抖着递给洪战辉说:"娃儿呀!爸对不起你!考上了学却没钱上。"

15岁的洪战辉怀揣50元,只身一人冒着炎炎烈日跑到周口、漯河等地,因为又瘦又小,三天三夜连刷盘子洗碗的活也找不到,只得返回西华县城。此时,洪战辉已身无分文。

洪战辉的执着精神引起了一个中年人的同情。在软磨硬泡了两三天后,那位中年人在自己承建的装雨棚的工地上，给了洪战辉一份传递钉枪的工作。洪战辉拼命地干，一个暑假，他挣了700多元。

这年的9月1日，洪战辉终于按时到西华一中报到了。而且，通过竞选，他当上了班长。

在学校逐渐安顿下来后，洪战辉就在学校附近租了一间房子，从家里把小趁趁接到了身边。他又开始像上初中时一样，每天奔波在学校与住处之间。一早，他要让小妹妹吃早点，再叮嘱她不要外出，然后上学。中午和晚上，他从学校打了饭，带回住处和小趁趁一起吃。

来到县城读书后，一切开支都大了起来，而且高中的学习压力也是初中所无法比的。但是洪战辉知道，如果失去了经济来源，父亲的病情好转、弟弟和妹妹的生活以及自己美好的理想都是空谈。因此，打工挣钱成了洪战辉繁重学业之外最大的任务。

"没办法，我要读书，我要养家，就必须想办法挣钱！"从此，洪战辉在校园里，利用课余时间卖起了圆珠笔芯、书籍资料、英语磁带等，"鞋垫、袜子，只要能挣钱我都卖"，他用自己微薄的收入维持着全家的生活。

高中生像小商贩一样搞校园推销是被人瞧不起的事，甚至引起了一些师生的反感。一次在某班进行推销的过程中，该班班主任老师毫不留情地将他赶出教室："你是来读书的，还是来当小贩的？你家庭再困难，这些赚钱的事情也该由你父母去做，你现在的任务就是好好学习！"洪战辉没有辩解，只是强忍住泪水，收拾了东西就走。

洪战辉说，只要学校张贴停电通知，他就赶紧跑出去批发蜡烛，然后一个班一个班去零售。他卖的圆珠笔笔芯油多笔头小，价格又便宜，自己用着感觉不好时还主动包退包换。"其实，做再小的事，挣再少的钱，只要是努力得来的，一分一毫都值得自豪！"洪战辉说。

洪战辉边挣钱边学习和照顾小趁趁，还得定时给父亲送药。这种日子持续了一年多，在洪战辉上高二的时候，父亲的精神病突然又犯了。

父亲需要住院治疗，为了借钱，洪战辉跑了周围的几个村子，求了几乎所有的亲朋好友，但跑了两天才借来40多元。后来，西华县南关的一个油漆店老板邓阿姨知情后，向他伸出了援助之手，把看病所需的2 000元送到了洪战辉家中。

生活的压力、家庭的现状逼迫洪战辉不得不辍学。高二时，洪战辉挥泪告别了难舍的校园。

回到农村老家后，他收拾农田，照顾父亲，闲暇的时候教妹妹识字，并在农闲的时候做点小生意，挣钱补贴家用，一年挣了六七千元。

到了2000年的时候，小趁趁已经6岁了，父亲的病情也控制了下来。"不读书、不学习，没有知识是不行的！"洪战辉渴望再次回到校园读书。

刚好，洪战辉在西华一中的老师李永贵和秦鸿礼调到了西华二中。两位老师一直关心着洪战辉，他们让人给洪战辉捎信：希望洪战辉能重回高中学习。由于二中的高中部是新建的，洪战辉成了西华二中的一名高一新生。

洪战辉又把小趁趁带在身边，她也到了上学年龄了，秦老师帮她在附近找了所小学，小趁趁也开始上学了。

（四）我不能倒下，我要考上大学，改变自己的命运

新的高中生活又开始了。和以往不同的是，在边挣钱边学习边照顾小趁趁的同时，洪战辉还多了一个工作——辅导小妹妹的学习。

生活在平淡中继续。2002年10月，父亲的精神病第三次犯了。他把父亲送到了一家精神病医院，可是交不起住院费。而且不久，正上初一且成绩全班第一的弟弟洪锦辉却不辞而别，外出打工了。

10月底的一天，扶沟县一家乡镇精神病院被洪战辉的孝心所感动，答应免去住院费，只收治疗费。洪战辉赶紧回家取住院用的东西，到家后又连夜骑上自行车赶往医院。从家到医院有近50公里的路，夜已经很深了，连续奔波3天的洪战辉极度疲惫，骑着骑着，眼睛就睁不开了，结果连人带车栽倒在路旁的沟里……等他醒来时，自行车压在身上，开水瓶的碎片散落一地。

也不知在沟中躺了多久，洪战辉想起了妹妹和父亲。他咬着牙对自己说："我不能倒下，我倒下了，父亲的病就没人管了，妹妹就没人管了……我一定要考上大学，改变自己的命运！"他顽强地站了起来。

（五）断断续续读了5年高中的洪战辉，终于迈进了高考考场

"也许，那时没人理解为何我能断断续续读了5年高中而不放弃学业。5年中，停学挣钱一年，5年中我晕倒过16次，但每一次都站了起来！"洪战辉说，"5年中我从没接受过一次捐款，但当我做小生意卖书时，班里的同学几乎把所有的生活费都借给了我！"洪战辉很是自豪和感动。

（六）我会牢牢记住帮助过我的人，我要帮助更多的人

高考成绩公布后，洪战辉以490分的成绩被湖南怀化学院录取。可5 200元的学费和要照顾妹妹让他很是为难！利用暑假，他打工挣了2 000元，决定先到湖南看看，把妹妹托付给了大娘。

大学新生报到当天，他交了1 500元学费后，就干起了老本行——做了"小商贩"。当他看到许多报到的新生纷纷向家里打电话时，就四处打听，寻找电话卡的销售渠道。他找到一位电话卡销售商，用身上仅有的500元全部购买了电话卡，当天晚上就卖了100多张，两三天就赚了六七百元。

为了挣钱，洪战辉可谓想方设法，后来他还逐渐代理了××复读机、电子词典和××化妆品在湖南怀化学院的经销，他还做了19栋学生宿舍楼的纯净水供应、电话机的安装等工作。

2004年春节，洪战辉回到河南老家，看到失学在家的小妹，非常愧疚。"无论如何，不能再让妹妹辍学，我要带着妹妹上大学！"洪战辉暗下决心。

回到怀化后，洪战辉开始为小趁趁联系学校。终于有一天，当他到鹤城区石门小学找校长提出让妹妹插读的请求时，校长同意了。怀化学院经济管理系学生李红娥最先知道了洪战辉想带着妹妹上大学的事情。李红娥对洪战辉说："我们宿舍还有一张空床，你把小妹带来吧，我帮你照顾她。"

当社会各界知道洪战辉的情况后，不少人提供财力、物力的帮助，但都被他谢绝了："不接受捐款，是因为我觉得一个人自立、自强才是最重要的。我现在已经具备生存和发展的能力，这个社会上还有很多处于艰难中而又无力挣扎出来的人们，他们才是我们现在需要帮助的。"

洪战辉对金钱有着自己的原则，他认为，不是用自己双手挣来的钱，决不能花费到自己身上。在大学期间，他曾屡次拒绝别人的捐款和资助。虽然他的生活非常拮据，但从来没有申请过特困补助。

洪战辉的同班同学贺荣华这样评价他说："别人给他捐助他拒绝，但是他还喜欢帮助别人。"

洪战辉说："我会牢牢记住每一个帮助过我的人，我要成立一个基金来帮助更多的人。"他强调说，这个基金是责任基金，而不是一般的爱心基金。我想用这种方式帮助那些人，等到那些人成功以后，他们也会把自己的一份力量重新注入这个基金。

"我想告诉那些处于贫困中、挣扎中的人们，要保持一种平和的心态，不要怨天尤人，最主要的是你怎么去改变你自己，用什么样的方式去改变你自己。"洪战辉高兴地说，考入大学后，每年春节回家，都能欣慰地看到久病的父亲病情大有好转。2004年年底，母亲也回到了久别的家中，在外漂流了多年的弟弟现在也有了消息。"我作为普通人，还会一如既往地去做我该做的事情，去尽我该尽的义务和责任，平和、静心、无悔、无愧地走完这一生。"

三、案例思考

从本案例思考当今社会继承和弘扬中华民族优良道德传统的重要意义。

四、案例点评

中华民族在五千年的文明史中，不仅创造了灿烂的文化，而且形成了优良的传统美德。中国传统道德是我国历史上不同时代人们的行为方式、风俗习惯、价值观念和文化心理的体现，是中国历代思想家对中华民族道德实践经验的总结、提炼和概括。其中，优良的道德传统，凝聚着民族的智慧和力量，成为我们民族迎接新的挑战、开拓前进的内在精神动力。正如本案例中的洪战辉，他身上凝聚了中华民族的许多传统美德，坚毅、勇敢、不屈不挠等。继承和弘扬中华民族优良道德传统，是个人健康成长的重要条件。当代大学生是在中华民族的道德文化环境中成长的，继承和弘扬中华民族传统美德，有利于我们提高道德修养。中华民族传统美德的熏陶和润泽，能够内化为我们个人的价值选择和价值判断的准则，不断丰富我们的精神世界。完善我们的人格和道德品质，成为我们个人成长、成才的重要推进力量。

五、延伸案例

案例一　侠义翁婿的人间挚爱

他们，迎着熊熊烈火奋不顾身地冲了上去；他们，为身处火海之中的小孩子带来了生的希望；他们，被烈焰烧成了"火人"，换来了5个小孩的安全脱险。他们就是英雄翁婿——王茂华和谭良才。这是一种赤诚大爱的瞬间迸发，是一种无声真爱的尽情展现，是一种见义勇为、舍生忘死的生动写照。

2010年3月21日下午两点，江西宜春市袁州区慈化镇伯塘村的一栋民房突发大火，浓烟和烈火瞬间吞噬了整个房屋，6名儿童被困屋内。住在隔壁的伯塘中学教师王茂华和他的岳父谭良才毅然冲进了火海。王茂华一手一个抱出两个小孩。谭良才也冲进去救出两个小孩。当王茂华听说里面还有孩子时，立刻第二次冲进火场。几分钟后，王茂华第二次从火海中抱出一个小女孩。此时，他的衣服上已经着了火，他刚放下抱着的孩子，准备扑灭身上的火苗，几个孩子哭着喊道："里面还有一个小孩！"王茂华和谭良才第三次冲进火海。就在这时，突然房子里响起爆炸声！烈火引燃了放在角落里的煤气罐，只见谭良才和王茂华被气浪先后冲出房屋，重重地摔倒在地上。

虽然被救孩子安然无恙，但王茂华和谭良才却被严重烧伤，生命垂危，王茂华全身烧伤面积高达98%，谭良才烧伤面积达85%。2010年5月2日，王茂华因大面积深度烧伤，引起严重烧伤脓毒症，多脏器功能衰竭，不幸去世。谭良才于2010年10月治疗康复。

火海救人一年后，2011年3月21日，王茂华烈士的遗孀谭长华和父亲谭良才将110.61万元群众捐款捐赠给慈化镇光荣敬老院修建"英雄楼"，用于改善敬老院老人的生活条件。谭良才在捐赠仪式上说："我们一个小小的救人举动，感动了那么多人，人们纷纷解囊相助的举动，也深深感动了我。我把人们为我捐助善款的剩余部分，全部捐赠给光荣敬老院。这样，我才会更安心一些，也算是我回报大家对我的关心，相信茂华也会支持的。"朴实的话语，展现了平民英雄的高尚品德和无私精神。

面对熊熊大火，王茂华和谭良才翁婿二人挺身而出，先后三次冲进火海，救出5名被困儿童，用自己的健康和生命换取他人的新生。王茂华、谭良才入选中央电视台2010年度感动中国十大人物，荣登中国文明网"中国好人榜"。2010年6月，教育部、人力资源和社会保障部追授王茂华"全国模范教师"荣誉称号。

案例二　仅有灵活的头脑是不够的

英国《泰晤士报》总编辑西蒙·福格每年五六月份都要接到一些大学的请帖，邀请他去作就业、择业方面的演讲，因为他曾在寻找职业方面创造过神话。

那时他刚从伯明翰大学毕业，为了寻找工作，他走进《泰晤士报》总编辑的办公室，问："你们需要编辑吗？""不需要。""记者呢？""也不！""那么排字工、校对员呢？""不，都不，我们现在什么空缺都没有。""那么一定需要这个。"说着，福格从包里掏出一块十分精致的牌子，上面写着几个字："额满，暂不雇用。"

结果，福格被留了下来，干报社的宣传工作。他兢兢业业，一丝不苟，25年后，他升至《泰晤士报》总编辑的位置。然而，每次演讲，他对他的这一经历总是避而不谈。他讲得最多的是一位护士的故事。

这位护士刚从学校毕业，在一家医院做实习生，在实习期的一个月内，如果院方满意，她就可以获得这份工作；否则，就得离开。

一天，医院收到一个因车祸而生命垂危的病人，急需动手术。实习护士被安排做外科专家——该院院长亨利教授的助手。复杂艰苦的手术从清晨进行到黄昏，进行了10个多小时，眼看患者的伤口就要缝合，这位实习护士突然严肃地盯着院长说："亨利教授，我们用了12块纱布，可是你只取出了11块。"

"我已经全部取出来了。一切顺利，立即缝合。"院长不屑一顾地回答。

"不，不行。"这位实习护士高声抗议道，"我记得清清楚楚，手术中我们用了12块纱布。"院长对她不理不睬，以命令的口吻不容分辨地说："听我的，准备缝合。"

这时实习生毫不示弱，几乎大声吼起来："你是医生，你不能这样做！"

直到这时，院长冷漠的脸上浮起欣慰的笑容，他举起左手，手心里握着第12块纱布，当众宣布："她是我最合格的助手。"

案例三　重于泰山的张思德

在毛主席警卫队，有一位妇孺皆知的人物——张思德。毛泽东为张思德因公殉职写下了脍炙人口的《为人民服务》一文。

张思德是四川仪陇县人，他出生在一个贫苦农民的家里，家里很穷，父亲给地主做长工，终年劳累，因积劳成疾过早去世了。母亲生下张思德六七个月后也病死了。养母刘光友把他带到十二三岁，他被迫给地主割草放牛，受尽了阶级压迫和剥削，从小就在心里埋下了仇恨的种子，锻炼出不怕吃苦、不怕困难的坚强意志。

1944年中旬，警备团为了解决党的六届七中全会（扩大）会议期间代表们的取暖问题，派出一些战士到山里去烧木炭。那时会烧木炭、打窑的人不多，警备团派张思德、王玉森、石仓三位同志到陕北安塞去烧炭，他们三个人过去都烧过木炭。张思德烧炭是很有经验的，他打的炭窑和烟道很好用，也就保证了烧出炭的质量。有一次他们三个人在一个地方烧了五六万斤炭后，由于附近的树木不多了，于是转移到新的地方继续烧炭。

9月5日一大早，天空下着小雨。地里的活儿干不成了，队长和张思德商量以后，决定临时组织一个突击队，进山赶挖几个新炭窑。张思德带着8个战士，一路唱着歌到了庙河沟的山林，分散在3个地方挖窑。牛毛细雨下大了，张思德给另两处的几个战士送遮雨的麻袋回来继续挖窑。跟他一起干的战士小白请求说："这回让我进去挖一会儿吧！"张思德见外面还在下雨，窑里也能容下两个人了，就说："好，进去多注意！"小白见他还要进去，劝他歇会儿。张思德说："我不累。我们得赶紧把炭窑挖成，好多出几窑炭。现在革命需要炭，领导和同志们需要炭，多出一窑，就是为抗战多作一份贡献！"说着，又钻进了窑里。雨渐渐停了下来。快到中午时分，眼看炭窑就要挖成了。为了保证质量，张思德拿着小镢头开始修整窑面，突然，窑顶上"啪啪"掉下几片碎土。"快出去，有危险！"张思德大喊一声，一把将小白推出窑口，就在这时，"轰隆"一声，两米多厚的窑顶坍塌下来。小白在窑口被压住半截身子，张思德被整个埋在土里。张思德为了战友的安全，献出了才29岁的生命。

张思德身遭不测，消息马上传开。毛主席听了后心情非常难过。他悲痛地说："张思德为我站过岗，你们要在枣园机关里为他举行一个追悼会，我要去参加。"9月8日下午，中共中央直属机关举行了"追悼张思德同志大会"。毛泽东也参加了大会，并且亲自献上一个花圈，摆在大会台子中央，花圈的挽联上有他亲笔题写的"向为人民利益而牺牲的张思德同志致敬"！

六、学习建议

通过对本节内容的学习，使学生了解继承和弘扬中华民族优良道德传统的重要性，充分了解中华民族优良道德传统的主要内容。可以通过一些视频资料让学生充分认识在社会生活中每个人都有自己的要求，同时又不得不受到社会政治、法律、伦理的支配和约束。为了使人真正成为人，社会成为真正的理性社会，就必须有道德的自觉规范。作为社会调控体系的重要手段，伦理道德与法律规定共同构成了人们的行为规范。本节的主要目的是帮助学生树立正确的道德观。

第二节 加强社会主义道德建设

一、学习重点

新时期，随着物质文明的进步发展对精神文明建设提出了更高的时代要求，加强社会主义道德建设面临着诸多需要研究的理论和实践问题，通过学习，使学生认识到在新时期要着眼于全面建设小康社会、全面深化改革、全面从严治党、全面依法治国的战略布局，进一步加强社会主义道德建设，恪守公民基本道德规范。

南京冠生园凄凉走完破产路

——小小"陈馅儿月饼"砸倒70多年老字号

2004年7月20日上午9时30分，中外合资南京冠生园食品有限公司债权人大会在江苏省南京市中级人民法院第一法庭准时召开，参加会议的106名债权人审议并表决通过了清算组工作报告和破产财产分配方案。

第二天，债权兑付工作在南京天华饭店举行。7月25日，债权兑付工作全部结束。至此，曾经叱咤全国食品行业辉煌一时的南京冠生园走完了其凄凉破产路。

2001年9月3日，距离中国的传统节日中秋节还剩一个月不到。就在这个再平常不过的日子里，"南京冠生园大量使用霉变及退回馅料生产月饼"的问题被媒体曝光了。就在曝光两小时之后，江苏省和南京市卫生防疫部门、技术监督部门即组成调查组进驻该厂。南京卫生监督所到冠生园进行了采样，采集了十多种月饼进行化验。该厂的成品库、馅料库全部被卫生监督部门查封，各类月饼2.6万个及馅料500多桶被封存。

9月6日，南京冠生园被有关部门责令全面停产整顿。

一波未平，一波又起。其后不久，冠生园的一位老师傅又向媒体透露了南京冠生园用冬瓜假充凤梨的内情。原来自1993年冠生园合资后，就用冬瓜假冒凤梨，被曝光前，厂里每天有一二十位职工专职削冬瓜皮，切成条后加糖腌制，再加上凤梨味香精，批发价仅0.2元/斤①的冬瓜就变为1元/斤左右的凤梨，以每天生产10 000个凤梨月饼零售价3元估算，就是30 000元的销售额。

尽管有关部门后来通知商家，南京冠生园的月饼经检测"合格"，可以重新上柜，但心存疑虑的消费者对其产品避之唯恐不及，冠生园月饼再也销不动了。信誉的缺失使多年来一直以月饼为主要产品的南京冠生园被逐出了月饼市场，公司的其他产品如元宵、糕点等也很快受到"株连"，没人敢要。南京冠生园从此一蹶不振。

2002年2月1日，春节即将到来之际，南京冠生园以"经营不善、管理混乱、资不抵债"为由向南京市中级人民法院申请宣告破产，法院受理此案，并依法组成了合议庭。

2002年2月27日，南京市中级人民法院作出裁定，宣布南京冠生园食品有限公司进入破产还债程序，并根据《民事诉讼法》的有关规定，指定南京市商贸局、南京市食品工

---

① 1斤＝0.5千克。

业公司、南京市体改委、南京市外经委以及工商、税务等部门派员组成清算小组进驻该厂，负责该厂财产的保管、清理、估价、处理和分配等事务。4月8日，清算组开始接受企业债权人的债权登记。当时的估算是：该厂已拖欠食品原料供货商的债务达2 000多万元，单是积欠工商银行和交通银行的贷款就达500多万元，而企业本身的资产却只有500万元。

位于南京市广东路53号小巷里的南京冠生园再次成为媒体关注的焦点，然而这里再也见不到一丝生机，到处都显示出衰败的景象。空空荡荡的厂区内悄无声息，人去楼空，厂门两边张贴着法院的核资清算告示。只有大理石的门脸、金子镌刻的厂牌，似乎还传递出这家老字号昔日的辉煌。

由法院派驻的专家让保安把门弄得十分严格，除了来取私人物品的零星职工，外人一律不得进入，而60位职工则早在两个月前就被以买断工龄的形式全体离厂。

"陈馅儿月饼"不仅沉重打击了南京冠生园，还给月饼市场蒙上了一层阴影。2001年，全国月饼销量比2000年锐减四成左右，全国超过400亿元的销售市场一下子减少了近200亿元。全国20多家挂冠生园牌子的月饼都受到连累，销售直线下降，少数企业因无法经营而黯然退出了当地市场。受此影响，冠生园集团上海公司在全国12个主要市场中退出了5个。

2004年1月31日下午3时，南京冠生园食品有限公司破产资产拍卖在华美达酒店举行。这次拍卖成交的包括南京冠生园的各类生产设备190台、一批车辆、一批存货及流动资产以及位于广东路53号的有证房产约7 300平方米。而南京冠生园的品牌和厂里拥有的土地则不在拍卖之列。这是由于当年与外方成立中外合资南京冠生园食品有限公司时，中方并没有把冠生园的品牌和厂里拥有的土地作为股份参股，此次合资公司破产，冠生园品牌也就顺利回归到南京市冠生园食品厂，也就是南京市食品工业有限公司。

2004年2月9日，江苏皇朝置业有限公司将拍得南京冠生园的812万元交付南京市中级人民法院资产清算组。至此，经过曝光——破产——拍卖——资产偿还等一系列过程后，走过70多年风风雨雨的南京冠生园正式隐退江湖。

一家具有70多年历史的知名老字号企业就这样倒下了，作为国内第一个因失去诚信而死于"媒体"的老牌食品企业的悲剧，留给人们的却是意味深长的回味与无尽的思考。

三、案例思考

在社会主义市场经济条件下，为什么需要弘扬社会主义道德？

四、案例点评

再有名的品牌也只是个牌子，它的价值在于它良好的信誉。信誉是现代市场经济运行中一种重要的新的资本形态，是一个企业的精神财富和生命所在。再有名的品牌、再大的规模、再盈利的公司，如果丧失了最起码的诚信和信誉，只想到赚取不法利润；如果不遵循市场经济运作的客观规律，恣意妄为；如果不遵守国家的法律制度，我行我素，那么，纵然一时得利，但终究要受到应有的惩罚，甚至自取灭亡。南京冠生园的凄凉落幕充分说明了这一点。

生存和发展必当用心地守护信誉。不管是一个企业，还是一个社会，如果想要可持续地发展，就必须以诚信为本，恪守与社会主义市场经济相适应的伦理道德观念和准则，必须遵循社会主义市场经济运行的客观规律。

五、延伸案例

案例一 林萍捐肝——她用48%的肝脏托起八龄童100%的人生

林萍割掉了自己的胆囊，捐献了48%的肝脏给一位8岁的小女孩，她们没有一点血缘关系，之前也从来没有见过面。

2009年4月10日，宁波镇海区骆驼街道团桥村8岁女孩徐洁患上一种名为"肝痘状核变性"的病，这种怪病是一百万分之一的发病概率，连医院里都没有药，如果不到上海去进行肝脏移植手术，生命就只有两三个月的时间。

与徐洁同村的林萍，是某保险公司的一位业务主管，一向心地善良、待人热情，得知这个消息后，就跟村里徐洁的大姨妈去医院看小徐洁，没想到，这一看，让林萍的心再也平静不下来了。当时，她在小孩子的病床前，抹着泪说，看着这么小的孩子，这么懂事，如果阿姨身上的肝能给你割一点，就好了。

林萍没想到，就因为自己随口说的这句话，却鼓起了孩子父母的勇气。他们带着徐洁到上海市瑞金医院去给女儿配对。

但是，家里没有一个人和徐洁配得上。唯一的办法就是等待肝源，而且这种机会也很渺茫。正在绝望中，林萍就自告奋勇地说，自己也是O型血，可以去试试。原先她想，不管自己能否配对成功，至少能给徐家一些希望，或许在这段时间里，刚好能等到肝源。

4月23日，林萍瞒着家人去上海做血型配对，结果竟然配型成功。既然如此，林萍也不退缩了，说出去的话，就应该兑现。

当林萍把自己的决定告诉家人的时候，没有一个不反对的，掀起了一场不小的家庭风波。最后，林萍还是要兑现自己的承诺，不能把徐家刚刚拥有的希望给无情地掐掉。

5月5日，林萍躺在了手术台上，把自己48%的肝捐献给了小徐洁。

林萍说，在捐肝之前，知道的不多，只是隐隐约约地觉得肝给人家一点，自己会长回来的。她考虑最多的，是那个特别懂事和可爱的小徐洁让她看了实在心疼，自己这样做可以帮到那个小女孩，这是她最开心的。别的什么也不知道，也没考虑过，就连胆囊也要割掉这样的事，也是在做手术前医生让她签字的时候才知道的，当时把她都吓住了。

丈夫王海文说，妻子有情有义，言出必行，是个不折不扣的热心肠。在他的朋友圈里，妻子的口碑是有名的。这次捐肝，王海文说妻子的个性他太清楚了，即便有"九头牛也拉不回来"。所以，看自己的反对起不了作用，在关键的时候，就支持她。

做手术前一天，妻子听医生说是要割掉胆囊，被吓哭了，打电话给他，说是手术中的一些情况要比原先想象得复杂，手术后半年内不能做任何剧烈运动，不能从事体力劳动，需要静养。王海文表现得很镇定，说"如果你决定不做，谁也不会怪你；要做，那你放心，我会尽到一个做丈夫的责任的，你就是在家，不工作，我也养着你。"

去上海做手术前，婆婆发现媳妇把家里的衣服、被子全翻出来洗了一遍，当时她就很纳闷。后来才知道，手术后起码要半年时间才能恢复，原来林萍是想先把能做的家务做好。

在父母眼中，长女就是家中的顶梁柱。林萍妈妈说，家里经济条件不好，林萍的两个弟弟没有固定工作，30多岁才成家，婚事都是林萍一手操办的。家里用的彩电、家具都是林萍孝敬父母的。这个家全靠林萍撑着。

父亲林裕明没想到女儿这次胆子这么大，居然背着他们去上海捐肝救人。他和老伴除了心疼，只能这样安慰女儿：答应别人的事，就应该想方设法办好，你这次就做得很好！

在女儿王林眼里，妈妈是个大忙人。她从小在外婆家长大，直到7岁上学，才回到爸妈身边。因为工作忙，林萍从没像其他父母那样接送王林上学、放学，即使是刮风下雨，王林也是独自来往。

其实，王林一点儿也没有记恨妈妈。听说母亲要去捐肝，王林是家中最急的一个。但是，当妈妈真的做了捐肝手术之后，王林又是最牵挂的。

5月10日母亲节那天，王林在学校主动给妈妈打来了一个深情的电话。原来以为骗了女儿，她会生气不理自己，没想到，女儿主动给她打电话，听到女儿在电话里的这一声问候，林萍哭了。她相信女儿一定会理解她的举动。当问到她女儿时，一直微笑着的林萍突然泪流满面，哽咽着说："我亏欠最多的，是我的女儿。"

林萍一家，在经历了激烈的矛盾和冲突后，并没有破坏原有的家庭关系，反而家人间的感情更加亲密和深厚了。

如今林萍被人称为"无胆"英雄，不过她的开朗、做事情的方式、对生活的态度，还是和以前一样，"一言既出，驷马难追"。她以一个坚决的决定挽救了一个幼小的生命，她以慈爱的心肠赢得了社会的赞誉，她这种对待生活、对待生命的态度正是值得我们每一个人去效仿的，愿林萍的爱能在我们每一个人中间延续。

案例二　雷锋日记四则

1959年11月2日

我学习了毛主席著作以后，懂得了不少道理，心里感到特别亮堂，工作越干越有劲，只觉得这股劲永远也使不完。

我为了群众尽了一点应当尽的义务,党却给了我极大的荣誉,去年我被评为先进生产者,出席了鞍山市青年建设积极分子大会,这完全是党的培养,是毛主席思想给了我无穷的力量,是广大群众支持的结果。我要永远地记住:一滴水只有放进大海里才能永远不干,一个人只有当他把自己和集体的事业融合在一起的时候才能有力量。力量从团结中来,智慧从劳动中来,行动从思想中来,荣誉从集体中来。

1960 年 10 月 21 日

今天吃过早饭,连首长给了我们一个任务:上山砍草搭菜窖。劳动到了 12 点,大家拿着自己从连里带来的一盒饭,到达了集合地点,去吃中午饭。当时,我发现王延堂同志坐在一旁看着大家吃,我走到他面前一看,他没有带饭来,于是我拿了自己的饭给他吃,我虽饿点,但让他吃饱,却是我最大的快乐。

1961 年 9 月 11 日

人民的困难,就是我的困难,帮助人民克服困难,贡献自己的一点力量,是我应尽的责任。我是主人,是广大劳苦大众当中的一员,我能帮助人民克服一点困难,是最幸福的。

1961 年 10 月 20 日

人的生命是有限的,可是,为人民服务是无限的,我要把有限的生命,投入到无限的为人民服务之中去……

案例三 毛泽东关于道德建设的几点论述

(一) 积极引导

毛泽东认为,社会主义道德建设重在宣传、重在教育,同时也要辅以必要的思想斗争。他指出:"劳动人民中的缺点或者错误,是能够经过适当的政治工作,使他们加以克服或者改正的。"应坚定不移地宣传社会主义的道德观念。毛泽东强调,社会舆论应该发挥积极的导向作用,要弘扬正气,批评落后,要赞扬真善美,鞭挞假恶丑,要爱憎分明,公正公道,这样才能形成良好的社会主义道德风尚。

(二) 把道德教育同党建结合起来

在社会主义道德建设实践中,毛泽东把无产阶级政党自身的道德建设作为整个社会道德建设的重心,这是毛泽东对马克思主义道德教育理论的一个重大贡献。第一,结合党的思想建设进行道德教育,是毛泽东建党思想的显著特色。党的思想建设,从根本意义上讲,就是包括道德品质的培养在内的思想理论建设。纵观毛泽东关于党的思想建设的全部论述和实践可以看出,进行马克思主义道德教育,培养党员和党的干部的良好道德品质,提高全党的道德水平,是党的思想建设中不可缺少的内容。第二,结合党风建设进行道德教育。毛泽东在马克思主义建党史上,第一个提出了"党风"这一概念。并且指出,要搞好革命和建设事业，就要有一个好的党风、好的军风、好的民风，归根到底要有一个好的党风。因为，"只要我们党的作风正派了，全国人民就会跟我们学。"党风正派，就会带动全国道德风气朝着健康的方向发展；党风不正，就会把全民族的风气搞糟。毛泽东在党的七届二中全会上的报告中及时地告诫全党，中国革命胜利以后的路程更长，工作更伟大、更艰苦，因此务必保持党的优良作风。1956年，在党的"八大"的开幕词中，毛泽东又一次指出，在我们的许多同志中，仍然存在着一些违反马克思主义的观点和作风的现象，必须用加强党内的思想教育的方法，发扬党的优良传统和作风。在党的这次大会上，"遵守共产主义道德"被当作党员的义务写进党章。

（三）批评和自我批评

毛泽东指出："我们有批评和自我批评这个马克思列宁主义的武器。我们能够去掉不良作风，保持优良作风。"明确指出批评和自我批评的性质及其在道德教育和道德修养中的作用及其道德意义。其性质是"马克思列宁主义的武器"，因为这个武器只有马克思主义者才能具备和掌握，"也是我们和其他政党互相区别的显著标志之一"。这是因为："共产党是不怕批评的，因为我们是马克思主义者，真理是在我们方面，工农基本群众是在我们方面。它的道德意义也十分明显，能使我们去掉不良作风，保持优良作风。"

怎样运用批评和自我批评来开展道德教育和进行道德修养呢？毛泽东提出两条宗旨是必须注意的：第一是"惩前毖后"，第二是"治病救人"。他说："对以前的错误一定要揭发，不讲情面，要以科学的态度来分析批判过去的坏东西，以便使后来的工作慎重些，做得好些。这就是'惩前毖后'的意思。但是我们揭发错误、批判缺点的目的，好像医生治病一样，完全是为了救人，而不是为了把人整死。"因此，"对待思想上的毛病和政治上的毛病，绝不能采用鲁莽的态度，必须采用'治病救人'的态度，才是正确有效的方法。"

批评和自我批评最重要的就是要正确认识自己，做到有自知之明，并对自己提出严格的要求。其次要敢于承认自己的缺点错误，能够认真地解剖自己。同时，在自我批评中要有毫不隐瞒、严于责己、闻过则喜的精神。被毛泽东称赞为中国第一等圣人的鲁迅先生说过："我的确时时解剖别人，然而更多的是无情面地解剖自己。"对于共产党人来说，只有以共产党员的道德原则和规范作为自己一切言论行动的准则，严格要求自己，严于解剖自己，才能不断发现和改正自身的弱点、缺点和错误，才能求得道德上的不断完善和不断进步。

（四）树立道德模范

毛泽东深知榜样的作用，在不同时期，他都非常注重适时推出道德楷模。早在1936年12月，毛泽东在总结第二次国内革命战争的经验时，就充分肯定和高度评价了中国共产党人的模范行动对全国人民的教育作用，指出："中国共产党以自己艰苦奋斗的经历，以几十万英勇党员和几万英勇干部的流血牺牲，在全民族几万万人中间起了伟大的教育作用。"在社会主义建设时期，毛泽东又指出："应将各地典型的好人好事加以调查分析和表扬，使全党都向这些好的典型看齐，发扬正气，压倒邪气。"这些论述，充分反映了毛泽东对榜样的教育作用的高度重视。

革命战争年代，刘胡兰、张思德、白求恩等一批与革命事业结合在一起的英雄模范被树立起来。毛泽东为刘胡兰题词："生得伟大，死得光荣。"号召人们学习张思德全心全意为人民服务、勇于为人民利益献身的崇高精神，学习国际主义战士白求恩"毫不利己，专门利人"的高贵品质。和平建设年代，毛泽东向全国人民发出"向雷锋同志学习"的号召，高度评价焦裕禄、时传祥、王进喜等社会主义建设各条战线上的英雄模范人物。另外，毛泽东还赞扬过孙中山、鲁迅、朱自清、吴玉章、徐特立等人的高风亮节：他们或者表现出生命不息、战斗不止的奋斗精神，或者表现出横眉冷对千夫指、俯首甘为孺子牛的人格力量，或者表现出宁可饿死的爱国主义精神，或者表现出挖山不止的艰苦奋斗精神，一个人就是一个方面的榜样，就是一种道德标准。通过典型的事例和榜样人物的宣传，把抽象的说理变为生动的形象教育，向全国人民进行思想道德教育，对于培养人们高尚的道德品质，提高全社会的道德水平，具有不可估量的巨大推动作用。

六、学习建议

大学生是祖国现代化事业的建设者和接班人，加强社会主义道德建设，培养德才兼备的高素质人才，是时代赋予高校的重任。社会主义道德建设只有依托于"四个全面"的战略布局才具有自身的实际意义并获得深入发展，"四个全面"战略布局只有密切结合社会主义道德建设，才能顺利实施。

通过学习，引导大学生转向现实，了解我国当代道德建设的内容、核心与原则，明确我国道德建设的方向。转向自己，知道作为一个公民应当恪守的道德规范，知道作为一个大学生应当遵守的道德规范，并在实践中努力加强自己的道德修养、锤炼自己的道德品质。

可以组织学生观看中央电视台《道德观察》等相关节目，也可用问卷调查的方式看看大学生对社会传统道德问题的认识。

第三节 遵守社会主义道德规范

一、学习重点

通过对本节的学习，同学们要把握爱情本质，树立正确的爱情观和家庭美德观，认清爱情的本质，树立正确的恋爱观，了解和掌握道德和法律对婚姻家庭的基本要求，为今后解决好成家的人生重大课题，奠定良好的基础。

二、典型案例

中国的"居里夫妇"——钱三强与何泽慧

被称为中国的"居里夫妇"的钱三强与何泽慧，他们身上闪烁着许许多多耀眼的光环。他们是法国著名科学家约里奥·居里夫妇的得意门生。他们放弃了法国优越的生活，抱着"报效祖国"的决心，从法国返回祖国的怀抱。他们为新中国购置了第一批核物理实验设备，共同创建了第一座原子能反应堆、第一座回旋加速器。他们共同组织和研制了中国第一枚原子弹、第一枚氢弹、第一枚战略导弹。他们堪称"中国原子能事业的创始人"，他们为中国的原子事业奋斗终生。他们不愧为中华民族的一代科技泰斗。

（一）他们是清华园的同班同学

1932年，旧中国的高校首次实行全国统考，清华大学物理系招生50余人，其中女生只有3人，何泽慧是班中年龄最小的女生。在这个班里，有一个男生叫钱三强。根据学校餐厅用餐男女生搭配编席的规定，钱三强和何泽慧及另外6名男生被编在一桌。何泽慧发现，钱三强每逢入席退席，总是彬彬有礼，颇具风度。

钱三强与何泽慧都怀有报国大志。他们通过几次谈话，彼此有了了解，二人渐渐产生相互倾慕之情。他们班里共三名女同学，有两位在亲友的劝说下，中途转学，只有何泽慧不仅坚持到毕业，而且毕业论文获得全班最高分。这个班的男同学，坚持到学业期满的只有9人，钱三强就是其中的一个。他的毕业论文分数仅次于何泽慧，排名第二。

转眼就到了毕业的日子，他们班10个同学的毕业合影洗印出来了。何泽慧拿起一张送给钱三强，钱三强拿起照片，眼睛停在何泽慧那美丽的笑容上，脸上闪动着兴奋的光彩。此刻，她等待着他的话语，可是，他依然只是低头看照片，竟没有说声"谢谢"。

钱三强和何泽慧，就这样为了各自的理想与事业，将爱情深深地埋藏心底。

毕业以后，何泽慧留学德国。钱三强被我国著名的物理学家、北平物理研究所所长严济慈选中，走向科学实验第一线。

（二）师从约里奥·居里夫妇

1937年初春，钱三强通过了留法考试，他如愿以偿将赴法国大学居里实验室攻读镭学博士学位。

居里实验室是世界上最著名的实验室。老居里夫妇去世以后，他们的女儿伊蕾娜和她的丈夫约里奥继续在这个实验室工作。1937年8月，24岁的钱三强师从约里奥·居里夫妇。

伊蕾娜非常愿意作钱三强的导师，并亲自指导他完成博士论文。伊蕾娜和她的丈夫商量后，决定让钱三强同时到法兰西学院由约里奥主持的原子核化学实验室学习。钱三强每天来往于巴黎大学和法兰西学院之间。他每天很早起来去赶地铁，分别在两个实验室工作一天以后，回到宿舍后整理资料，写实验报告。

1940年，钱三强完成了博士论文及答辩，获得法国国家博士学位。1941年，钱三强准备从马赛乘船回国，因为太平洋战争爆发，航线中断，他只得滞留法国。

（三）25字的简短情书厮守终生的承诺

在钱三强担任法国科学中心研究员的日子里，每当晚上他走出实验室漫步在鹅卵石铺就的小路上时，浓浓的思乡情便向他袭来。想起祖国，想起亲人和同学，那个梳着两条长辫子的俊美姑娘何泽慧便浮现在眼前。他掏出那张毕业照，在路灯下端详，他盼望她能从照片中走出来，来到自己的身边。

1945年，年满32岁的钱三强向何泽慧发出了求婚信。由于德法是交战国，两国之间的信件，不仅不能封口，而且只限25个字。钱三强像书写物理学论文那样写道：经过长期通信，我向你提出结婚的要求。如能同意，请回信，我将等你一同回祖国。

不久，钱三强收到了何泽慧的回信：感谢你的爱情，我将对你永远忠诚，等我们见面后一同回国。同样是短短的25个字的来信，胜过万语千言。

1946年的春天，何泽慧来到巴黎，他们举行了婚礼。约里奥·居里向这对新人祝贺新婚。他在致词中说："令人怀念的比埃尔和玛丽·居里夫妇，曾经在一个实验室中亲密合作，之后，我和伊蕾娜又结为伴侣。事实证明，我们这样的结合，结果非常好。亲爱的钱先生，尊敬的何小姐，我们的'传染病'今天又传给你们了。我和伊蕾娜共同祝福你们家庭美满，祝愿你们亲密合作，在科学事业上结出令举世振奋的丰硕果实。"

他们的祝福不久变成了现实。这对年轻的科学家夫妇正是沿着居里夫妇所走过的道路携手共进，在核科学领域取得了举世瞩目的成果。

（四）中国的"居里夫妇"

1947年，钱三强被提升为法国国家科学院研究中心的研究导师。当年，在留学法国的中国学者中，得到这样的学术职位的，只有钱三强一人。1948年春天，钱三强找到了中国共产党驻欧洲的负责人刘宁一和孟雨，向他们表达了他们夫妇盼望回归祖国的心情。刘宁一答应设法帮助他们尽快启程回国。不久，钱三强收到了严济慈教授的来信，希望他们夫妇早日回到祖国。当他们夫妇将回国的决定和归期告知他们的导师和同事以后，约里奥·居里夫妇对他们的决定表示理解和支持。

1948年夏季，钱三强与妻子何泽慧一起，抱着刚满6个月的女儿，踏上了归国的旅程。伉俪偕行，创业维艰。1949年，在新中国成立一个月后，中国科学院成立了。钱三强和何泽慧受命筹建近代物理研究所。

那时他们的研究所连最简单的实验仪器都没有。为了解决实验室仪器的问题，钱三强和何泽慧骑着自行车，在北京旧货店和废品收购站，寻找可以利用的旧五金器材、旧电子元器件。回来后，何泽慧绘制图纸，钱三强动手制作。不久，两台简易的车床制造出来了。接着，他们便利用这两台车床制造出急需的仪器设备。

到1955年，由钱三强担任所长的这个近代物理研究所已经初具规模，科研人员扩大到了150人，新中国第一支核物理研究队伍形成了。他们自己设计并建成了我国第一台、第二台静电加速器。同时，对回旋加速器的高频、磁铁系统也进行了初步设计。在何泽慧的指导下，成功研制了我国第一台核物理探测器。

1955年1月15日，毛泽东主席主持召开了有关发展原子能事业的政治局会议。钱三强带着何泽慧设计并制造的一台小型探测仪参加了这次会议。他用这台仪器在现场作了探测铀矿的演示。在这次会议之后，便全面展开了研制我国第一颗原子弹的工作。

1959年6月，在苏联政府撕毁有关科技援助合同，撤走专家的困境下，钱三强和他的同事们坚定决心，一定要让我国第一颗原子弹爆炸成功。1964年10月16日下午3时，罗布泊的上空一声巨响，蘑菇云翻动上升，中国第一颗原子弹爆炸成功，仅仅过了两年零八个月，中国第一颗氢弹又在西部上空成功爆炸。

1992年6月28日，钱三强因病逝世。1999年9月，国家授予他"两弹一星"功勋奖章。何泽慧眼含热泪抚摸着那枚功勋奖章，不禁怆然回首，久久地凝视着那张蘑菇云照片——那是他们夫妇半个多世纪以来用生命和汗水浇灌出来的世界上最壮美的花朵。

这就是中国的"居里夫妇"的美丽人生。

三、案例思考

什么是爱情？钱三强和何泽慧的爱情给我们哪些感悟？

四、案例点评

爱情是什么？爱情是"执子之手，与子偕老。"爱是能相濡以沫，爱更是不计回报的付出。真正的爱情不仅仅是甜美的话语，甜蜜不是爱情的标尺，艰难才能映照爱情的珍贵。爱情就是快乐、热情、痛苦、悲伤的集合体，只有样样都经历，才算是完整的；爱情就是同甘共苦、同舟共济、不离不弃；爱情就是几经磨难之后开出的最美丽的花。钱三强和何泽慧的爱情诠释了爱情的真谛。他们的爱情已成为历史，但爱情的接力棒却在不停地被人们传递。

大学生应该珍惜现在的生活，慢慢地、好好地谈恋爱。在爱情的跑道上面，应该互相理解，互相搀扶，坚定信念，共同进步。我们看到钱三强和何泽慧的爱情故事，不仅要被感动，要歌颂，还要思考和学习，让我们健康地爱，朴素地爱。

五、延伸案例

案例一　最缺乏公德的行为评选活动

为弘扬社会公德，倡导文明新风，中央电视台在《新闻联播》《新闻30分》和《晚间新闻》等栏目的固定版面开设专栏，进行"社会公德"大型系列报道。中央电视台联合央视国际等网站，共同开展"最缺乏公德的行为"和"最值得提倡的新风"征集与调查活动。

您身边是否也经常发生这些没有公德的事，您最讨厌的缺乏公德的行为有哪些？以下是"最缺乏公德的行为"的评选结果。

1. 在公共交通方面缺乏的公德行为之乘车。

上公共汽车不排队，一拥而上；年轻人不主动给老弱病残孕让座；给无人售票车投假币、残币；使用过期月票、用过的车票；在地铁车厢、公交车内高声喧哗；在出租车里乱踩乱蹬，弄脏座位。

2. 在公共交通方面缺乏的公德行为之开车。

反道超车、突然并道、占线行驶；下雨天溅湿行人；公交车进站不按顺序，多辆公交车抢道；停车占位、占道，在便道上乱停；行驶中向窗外扔东西；司机在马路的路边小便。

3. 在公共交通方面缺乏的公德行为之行人。

翻栏杆、随意穿行马路；在便道上骑自行车；占用盲道，在盲道上摆摊；在街上乱吐口香糖。

4. 在文化、娱乐、商业场所里缺乏的公德行为。

剧场、电影院在演出结束、球场比赛结束后，像"垃圾处理中心"；看电影、演出时大声说话、喧哗、到处走动；看演出时手机不关机或者不开启振动；在水上乐园、游泳池里小便；在超市里偷吃偷尝。

5. 在校园里缺乏的公德行为。

在饭堂买餐加塞儿、不排队；在自习室占了座位人不去；在图书馆里看书出声、小声嘀咕；在图书馆、教室、会场，手机频响；宿舍里的灯不用时也不关掉。

6. 在街头缺乏的公德行为。

在商业、书报摊大声叫卖、播放音响，成为噪声；在排档、小吃摊烟熏火燎、偷盗；在站牌、电话亭上贴满小广告；在大树上钉挂衣钩、拴晾衣绳。

7. 在旅游中缺乏的公德行为。

乘飞机带大行李箱又不愿托运，阻塞通道；在旅游景点、名胜古迹上乱写乱刻；消费了付费服务后遗留账单，不声不响走人；吃自助餐时随意浪费；在酒店大堂、餐厅等地大声喧哗；随手用宾馆房间里的毛巾、床单擦鞋；在宾馆房间洗澡不拉浴帘，溅得满地是水；在封闭餐厅里吞云吐雾、划拳行令；在公园景区观树赏花时又摘又折；在动物园里折磨动物，节假日成了动物们的受灾日。

8. 在居民小区里缺乏的公德行为。

社区的健身器材被用来晾衣服、晒被子；装修噪声扰邻；汽车、自行车随意停放；开机动车在社区里乱鸣笛；早锻炼、清晨呐喊鼓掌影响他人睡眠；带的宠物随地大小便，主人不清理；向窗外扔污物。

9. 在电子、安全、网络方面缺乏的公德行为。

网络语言不文明，在聊天室谩骂；传播垃圾邮件、手机短信；对突然受伤、犯病的人视而不见、袖手旁观；在银行、机场等地方无视"一米线"；放风筝不顾地点和他人安全，不想玩了就"一剪了之"。

案例二　大学生上班仅十天　贪污公款 12 万元

王某是温州市人，2010 年 7 月从浙江某学院毕业后，前往温州市区某银行分理处实习，并在当年 12 月 10 日被正式录用为代理合同工。

实习期间，王某从同事那里听说办理内部员工卡，可以不用像其他的储蓄业务那样需要同事间的相互授权。在好奇心的驱使下，王某一直很想找机会试试看这个传言是否属实。就在王某正式工作后才 10 天，一位储户拿着一本存折来王某所在的储蓄柜台取款，王某发现这个存折尚未配置银行卡，故意骗这位储户说其存折的磁条损坏，需要重新输入用户密码 3 次，储户信以为真，按照王某的吩咐输入密码。殊不知，在柜台里的王某已经通过电脑操作，将储户设为内部员工并私自给其账户配置了一张银行卡，这一切储户都被蒙在鼓里。

成功地秘密配置银行卡后，王某一阵狂喜。12 月 25 日，王某利用在柜台工作的便利条件对该卡进行密码挂失；28 日下午，王某骗取分理处主任的 A 级授权，将该卡密码予以重置并开通。至此，这张银行卡所对应储户的账户上的存款，已经是王某的囊中之物了。3 个月后，王某使用银行卡分别到 3 个银行营业网点柜台共取了 12 万元，并存入自己的个人账户，为防被人发现，王某还特意穿上雨衣、戴上口罩以掩人耳目。

2011 年 3 月 1 日，储户发现自己的存折上少了 12 万元，立即向银行反映并到公安机关报案，银行在调取了有关该储户账户的操作记录后，马上锁定了王某。当银行保卫监察处的同志找到王某时，王某便明白了自作聪明的愚蠢，只能咽下自酿的苦果。

一个刚刚大学毕业的男孩，工作 10 天，就动了不该动的蛋糕。

王某能踏上了当地一家银行的正式工作岗位，稳定而高薪，在许多人眼里，这是个不错的起步。本来，凭借优秀的素质，他的后半生可以走得很好，只是一念之差，他却失去了那么多。

对于王某，失去最为惨重的无疑是个人信用史上清白的那一笔。王某在银行工作，对于个人信用制度的重要性应该比一般人更加清楚，仅仅因为一念之差，他便弄脏了这第二张身份证——信用记录。

案例三　大学生写信举报 32 家色情网站获万元重奖

2010 年年初，"全国扫黄打非"办公室在北京召开颁奖会奖励举报有功人员。其中，山西省一位大学生写信举报32个淫秽色情网站受到万元重奖。

该大学生表示，写这封信，只是想唤起社会的关注，但没想到能获这么大的奖励。被举报的这32家淫秽色情网站现在已经全部被查封，但是在这位山西大学生眼里，这32家色情网站只是九牛一毛。他表示，本来自己在中学的时候成绩不错，完全可以考上一所本科大学，就因为受淫秽网站的影响，最终落榜，现在后悔不已。

和这位大学生一样获得现金奖励的还有来自北京、天津、河北、海南等省市的多位举报者，他们分别获得了1 000元到10 000元不等的奖金。"全国扫黄打非"办公室负责人介绍，从2009年12月4日到2010年1月4日这一个月里，举报中心受理社会公众举报淫秽色情和低俗信息的网站一共有61 982条。

案例四　大学生疯狂进行网络诈骗被追究刑事责任

上海市某职业技术学院学生李某在网上散布虚假手机信息，在40余天内共诈骗了网友20余次，收到来自全国各地的汇款共5万余元。令人奇怪的是，在这起网络诈骗案中，20余人都没有向网站投诉或者报警，以至于蔡某连连诈骗成功。

为了实施诈骗活动，蔡某事先进行了长达2个月的准备工作。2008年9月底，他借机骗走同学丁某的身份证，随后用这张身份证分别在两家银行开设了账户。10月底，蔡某又偷偷记下了同学黄某的身份证号码，并用该号码在网上注册了十余个不同的用户名。

准备工作就绪后，蔡某在11月初正式"出手"。他在网上接连发布"全国联保全新诺基亚8210型手机只卖400元""全新原装全国联保索爱T618只卖人民币1 088元，包邮递，款到发货"等信息，静待网友上钩。

3天后，上海的王先生看到了蔡某发布的信息，马上将1 088元转到蔡某的账户，但直到11月11日，王先生才收到蔡某的电子邮件，称没收到其汇款。第二天，王先生又去银行查询，得知11月6日转账成功无误，且11月7日卖家已取走钱款。

被蔡某诈骗的不但有上海市买家，还有外省市买家。但是无一例外，他们都没有报案，也没有去网上客户服务中心投诉举报。直到12月23日，警方才接到了家住上海市浦东六里地区的张先生报案，在本市某高校将蔡某抓获。

另外，据统计，2010年华东××大学退学试读和转学的学生237名，竟有80%以上是因为过度沉迷于电脑娱乐和网络聊天、游戏；而同年于上海××大学退学试读和转学的205名学生中，1/3也是因为无节制地玩电脑网络游戏导致成绩下降。

某高校一项关于电脑"黑客"话题的调查显示：有2/3的学生认为电脑"黑客"是创新人才。该校就曾发生过学生篡改校园网主页，致使校园网无法正常运行的事件。

贴吧、聊天室是当前许多校园网中最活跃的网上空间，但上面却不时可见一些不健康的内容。还有学生上黄色或反动网站，恶意制造病毒，剽窃他人网上成果而侵犯知识产权。

六、学习建议

　　社会公德是社会生活中最基本的行为准则，是维持社会公共生活正常、有序、健康进行的最基本条件，家庭美德也是一段婚姻和一个家庭赖以生存的基础，因此，社会公德和家庭美德都是全体公民在社会交往和家庭生活中应该遵循的行为准则，在本节要认真学习《公民道德建设实施纲要》，了解中华民族的家庭美德，自觉传承婚姻和家庭的责任，敢于担当，传承家庭美德，收获自己幸福的婚姻家庭生活，在日常生活中践行"爱国守法、明礼诚信、团结友爱、勤俭节约、敬业奉献"的公民道德规范，自觉培养遵守社会公德，争做道德模范。

第六章 恪守职业道德 培育职业素质

第一节 恪守职业道德 遵守职业规范

一、学习重点

掌握职业道德的内容、社会主义职业道德的基本要求,培育职业素质和职业精神。

二、典型案例

罗阳:用生命托起战机的航空英模

罗阳,男,51岁,辽宁沈阳人。沈阳飞机工业(集团)有限公司董事长、总经理。

罗阳所在的沈飞集团是中国重要的歼击机研制生产基地,他本人也是飞机设计专家,2012年11月25日上午,随中国首艘航母"辽宁舰"参与舰载机起降训练的罗阳,在大连执行任务时突发急性心肌梗死、心源性猝死,经抢救无效,于12时48分在工作岗位上殉职。

罗阳1982年毕业于北京航空航天大学飞机设计专业。他担任中航工业沈飞董事长、总经理的5年,是沈飞新型号飞机任务最多、最重的5年。罗阳善于解决问题,采取多种措施推动研制进度,创造了新机研制提前18天总装下线,从设计发图到成功首飞仅用10个半月的奇迹。

2012年1月,罗阳担任中国第一艘航空母舰舰载机歼-15研制现场总指挥。没有经验,也没有现成的关键技术可以借鉴,航空制造大国对技术的封锁,逼着航空人只有自主创新一条路可以走。在航母上,罗阳坚持亲力亲为,与科研人员一起整理试验数据,观看每次起降过程,记录和分析飞机状态,即使身体出现不适,也没有中途下舰,甚至都没有去找医护人员检查。

难度高，任务重，时间短。重重考验摆在罗阳面前，可是他就有这么一股不服输、不懈怠的劲头。

在其生命的最后一个月里，他不知疲倦，劳心劳力，没有一刻休息，直至生命的最后一刻。当歼-15在海天间完美地起落，当"航母Style"走红中国，罗阳却倒下了。令人扼腕。哀悼、痛惜的泪水，早已汇聚成河。罗阳是一个顶天立地的中国人。说他顶天，是因为罗阳有着崇高的理想信念，秉持航空报国的志向，直到生命的最后一刻；说他立地，是因为罗阳脚踏实地、爱岗敬业、恪尽职守，对本职工作有着坚定的执着和追求。罗阳和他的团队打造出具有中国气魄的歼-15，这再次证明了中国人民是有能力和创新精神的。在科技强国和科技强军的征程上，我们应培育自信的底气、自强的勇气和自力更生的豪气。

三、案例思考

1. 如何理解社会主义职业道德的内涵？
2. 罗阳事迹对我们即将走入职场的大学生有何启示？

四、案例点评

中共中央总书记、中央军委主席习近平在2012年11月26日说，罗阳同志秉持"航空报国"的志向，为我国航空事业发展作出了突出贡献，他的英年早逝是党和国家的一个重大损失。

罗阳带领着团队让歼-15实现从陆到海的飞跃，让我们对人民军队和祖国的未来更加充满信心和期待。在国防科技战线乃至攸关国家核心利益的各个领域，有着无数像罗阳这样埋头苦干、不计名利的"国家脊梁"。也正是他们让国家挺直了腰杆，极大地增强了中华民族的自豪感和自信心。国民有信心，国家才有未来；国民肯自强，国家才有力量。所以，大学生应当学习罗阳的先进事迹，学习罗阳爱岗敬业、奉献社会的优秀品质和可贵精神，做罗阳式的劳动者。

五、延伸案例

案例一　身边的劳模——中航工业西飞女中豪杰薛莹

一截长7.2米、重60余公斤的金属组件，在体型庞大的波音飞机上并不起眼，但到了39岁的装配铆工薛莹及其工友手中，它被拼接得近乎完美。

位于西安市阎良区的中航工业西飞国航总厂装配车间,十来个波音737-700垂直尾翼前缘组件被放置在工装上,"薛莹班"的工人们在机器声中忙碌着。"按照波音公司的订单,我们现在每月装配20多架份,完成起来很轻松。"薛莹说。

从20世纪80年代起,西飞集团在转包生产领域开始与世界强手对话,起步阶段并不轻松。技术主管寇万胜说:"垂尾前缘组件这么大的东西,300多个孔与前梁上的孔同心,每个孔只用一个大拇指的推力就要做到,镜面蒙皮上连头发丝般细的划痕都不能有。外商的严格要求给一线工人带来很大挑战。"

1992年12月,技校毕业的薛莹被分配到西飞国航总厂航空制造装配铆工岗位。这个姑娘能吃苦、肯动脑,在普通技工岗位上脱颖而出。2000年,正是波音737-700飞机垂尾试制的关键时刻,薛莹担任了波音垂尾前缘班班长。

薛莹和工友们一遍遍苦练"边缘法"铆接,逐步提高钻孔和铆接质量。在前缘蒙皮与工装的贴合上,大胆改进工具和工艺流程,攻下多项难题,沉重的金属组件每天要抬上抬下30余次,且不能出现一丝划痕,除了优化流程外,姑娘们还发挥女性细致耐心的特长,硬是达到了这一难以想象的要求。

40个昼夜的奋战、30多架份的试制,终于赢得了波音代表的肯定和赞许。波音公司来信感谢她们遵守了承诺,并授予全体班组成员"用户满意员工"称号。随后,波音公司还向全球供应商推广她们的质量控制经验。

2005年11月,波音737-700垂尾前缘装配班被国航总厂命名为"薛莹班",此后还获得团中央"全国青年突击队"称号。这支曾经清一色的"娘子军",直到近两年才进了4名男工。

除了保质保量完成工作外,在薛莹的带动下,工友们想方设法改进工具和生产流程。"不要小看工人们的好点子、好方法,技术水平和生产效率就是这么一点点提高起来的。"国航总厂党委书记李晴说。

随着转包生产项目增多,"薛莹班"里的一些老师傅被抽调参加其他项目,薛莹采用签订合同的方法"传帮带"新进青工,她先后带的5个徒弟,现在都成了生产一线的骨干。

"一名工人技术过硬加上独立思考的意识和能力,可能会成为佼佼者。"西飞国航总厂技术副厂长谭雪锋说,"如果再能把经验'总结出来、传授出去',那才能成为一名了不起的技工。在这一点上,薛莹做到了。"

因为工作出色,薛莹获得过许多荣誉,被推举为全国三八红旗手、全国五一劳动奖章获得者、全国劳动模范、中共十八大代表。

案例二 王牌工人窦铁成

窦铁成,1956年10月出生,陕西省蒲城县人,中共党员,初中文化程度。他1979年参加工作,主要从事铁路、公路领域的电力变配电安装工程,现任中国中铁一局电务公司电力工高级技师。

窦铁成分别于1994年、1998年两次荣获铁道部总工会"火车头"奖章,1998年荣获铁道部劳动模范,2001年被评为"陕西省企业工委优秀共产党员",2002年被评为"中国中铁优秀共产党员",2007年被陕西省授予"高技能人才"称号,2007年荣获中国中铁"劳动模范"称号。

窦铁成同志参加工作近30年来,一直默默无闻地工作在施工生产第一线,从一名只有初中文化程度的普通工人,成长为电力工高级技师,在平凡的岗位上做出了不平凡的业绩。

参加工作以来,窦铁成先后提出施工设计变更6次,解决技术难题52项,排除送电运行故障300余次,负责安装的38个铁路、公路变配电所,全部一次性验收通过,一次性送电成功,并全部获得优质工程。为企业创造和节约价值1 380万元。电务公司共有电力工技师42人,其中窦铁成的徒弟35人;共有电力工高级技师7人,其中窦铁成的徒弟5人。

在高度流动分散、工作生活异常艰苦的环境中,窦铁成坚守"一个人可以没有文凭,但不能没有知识和技能"的信念,以只争朝夕的精神和坚韧不拔的毅力,坚持走自学成才、岗位成才之路,几十年如一日,克服常人难以想象的困难,坚持在工作中学习,在学习中工作。认真学习和掌握从事本职工作所需要的新知识和新技能,实现了由实干型向知识型、技能型工人的跨越。窦铁成刻苦自学了《高等数学》《电工学》《电磁学》《电子技术》《电机学》《钣金工艺》《钳工技术》《机械制图》等书籍,其中有一些还是大学的课本,记下了60余本、百万余字的工作学习日记。

窦铁成对工作有一种执着的追求,几十年的磨炼,窦铁成坚持以"一点也不能差,差一点都不行"的工作态度和"恪尽职守、精益求精"的职业操守,严格执行工作标准和技术规范,创造了一项又一项优质工程。

窦铁成"对工作像铁一样严格,对同志像火一样热情"。在日常工作中,他不仅自己坚持学习,不断进步,而且把自己所学到的知识和技术毫无保留地传授给工友,以自己的模范行动,影响和带动身边职工共同进步。窦铁成带过的徒弟中,有的当上了技术主管,有的当上了基层单位的领导、还有的当上了公司副总,更多的成了所在单位的骨干和技术尖子。

窦铁成在工作中勇于攻坚,潜心钻研技术,敢于挑战尖端技术,成为本专业的带头人和领跑者,为企业争得了信誉。他近三十年如一日,情系企业、忠诚企业,以一颗赤诚的心报效企业。他把工地当作自己的家,把岗位当作实现个人价值的舞台,把发展企业当作实现人生目标的追求。自1997年窦铁成负责变配电所的检测工作以来,最忙时,他要历经四个省,行程数千公里、穿梭于9个变电所之间,在一个工点工作少则七八天,多则半个月。十多年来,他每年奔波在各工点的时间有11个月左右。

窦铁成虽然今年已经50多岁了，但他热爱学习，善于学习，而且接受新知识、新事物快。他不仅能够熟练使用电脑，而且学会了CAD制图等计算机应用技术，成为电务公司工人中用电脑设计绘制电力图纸的第一人。他的精神世界饱满而富足，业余爱好广泛，经常给徒弟发短信联系工作，送去节日问候和生日祝福，在工休时候吹奏笛子寄情远方。

窦铁成同志是新时期涌现出来的"知识型""专业型技术工人"的先进典型，他的事迹充分体现了当代工人阶级对党、对国家、对企业高度负责的主人翁责任感，充分体现了"劳动光荣、知识崇高、人才宝贵、创造伟大"的时代精神，充分体现了无私奉献、团结互助的崇高品质。窦铁成同志的事迹真实感人，可信、可敬、可学。

六、学习建议

建议学生课后多观看关于职业道德的短片。如"索道医生"邓前堆、邮递员王顺友的事迹，感受他们身上表现出的职业素养。

第二节 培育职业素质 正确择业创业

一、学习重点

了解职业素质的丰富内涵，正确认识当前我国的就业形势，树立正确的择业观念和创业观念，在实践中锻炼成才。

二、典型案例

大学毕业生摆摊当"陪聊男"

找了一年工作未果，22岁的北京某大学金融系的毕业生高某决定摆摊当"陪聊男"。对于他摆摊陪聊的行为，一些人认为名牌大学毕业生做陪聊太掉价，但大部分人表示，找工作的确很困难，支持他用这种方式创业。

高某希望通过这样的方式来起步，以咨询作为将来的发展方向，自己做自己的老板，开创自己的事业。

2002年，高某以672分的成绩考入名牌大学，在大学里成绩并"不好"，平均每科只有70分，还有一门补考科目。他说，从2005年7月他就开始找工作，无论大小企业，一律采取海投简历的方式。很多企业都没动静，有的企业面试时问我成绩情况，我如实回答"不好"，后来都黄了。他还说，还有几个企业几乎都定了，却反悔，让他浪费了时间；有个大公司让我体检后，却通知我应聘的部门解散了；还有个公司让我把三方协议寄过去，却又原封不动寄了回来。

他说，找工作时总感觉自己不优秀，也没信心。大公司进不去，小公司也不要，一年一无所获。班里其他同学已经纷纷就业，目前只剩几个继续考研究生的，还有他。目前自己只能靠家里资助生活，在外面租了张床，一月300元，痛苦地思考了几个月后，决定不再找工作，要自己创业。他表示，班里同学帮他出主意，商量决定从做心理陪聊开始。他认为自己在开导人方面有天分，看过一些心理学的书籍，不会带入自己的感情色彩。至于以后会不会再找机会回到金融业上来，他表示还没想过。谈到自己找不到工作的原因，他分析说，一是因为自己当时在学校的成绩不是很好；二是因为自己的性格过于内向，在学校期间，基本不和老师交流，遇到问题也就是让同学帮助一下。在他看来，自己在招聘面试的过程中很"老实地交代"了自己的学习成绩，但这反倒让他失去了很多可能不错的工作机会。而且经过一年找工作的经历，他原来内向的性格已经有所改变。他认为，自己之所以敢于选择"陪人聊天"的行业起家创业，是由于自己懂得一些基本的心理学知识，也愿意把自己求职失败的经历告诉他人，让其他人从中有所借鉴，对他们的求职有所帮助。另外，他坚信，咨询行业是个很有前途的行业。目前，他每月的生活费还在靠父母接济。

三、案例思考

1. 作为大学生，我们应该如何看待高某摆摊陪聊？
2. 此案例对我们在校大学生有何启示？

四、案例点评

从目前大学生的就业现状分析来看，案例中的高某毕业一年没有成功就业，根本不足为奇。大学生供大于求的现状导致很多大学生都存在着与他相同的问题。他之所以受关注，可能是因为他毕业于名牌大学。但当下双向选择就业的方式表明，学生能否就业、在什么样性质的公司就业，已经和学生本人的毕业学校没有太大关系。

社会各界不应该固守着"天之骄子"的观念来看待大学毕业生，没必要对毕业生陪聊大惊小怪。这是高等教育大发展年代就业市场的必然走势，我们更应该从复杂的经济社会发展中去探究原因。大学生只要有创业的思想准备和勇气，并敢于实践，踏实肯干，就能走出自己的一片天地。

对于在校大学生来说，要顺利进入职场，不但要努力学习，夯实专业基础，还要提升自身的人际交往、合作共处等综合素质，高情商更有利于大学生准确定位、立足职场。

五、延伸案例

案例一　七名研究生争一个环卫工职位

广州市环卫局下属单位公开向社会招聘的第一年，就出现了"286个本科生、研究生竞争13个职位"的现象。其中有26人抢一个环卫工人的工作岗位。普通人难以忍受的工作环境，却引来高学历才子的青睐。其中，广州市卫生处理厂化制车间一个要终日与病死禽畜打交道的职位，就引来19名本科生和7名研究生角逐。小左就是当时从26个本科、研究生中脱颖而出的优胜者，拥有某大学环境工程研究生的高学历。她说："当时是有一些选择，在应聘这里之前也在环保公司做过，但是这里的环境已经不是以前都要用手工做事，待遇很稳定，又有各种保险、公积金，不是见不得人的职业。"

作为一个名校研究生，为何选择与这些死病禽畜打交道呢？就业压力大是最主要的原因。

职业专家认为，现在的学生为了就业，搞出了各种各样的名堂。比如，2013有个毕业的女同学把自己的"少妇"艺术照当作了应聘简历的封面，本打算以此吸引招聘方的眼球，没有想到的是，竟然没有一个企业给她面试的机会，最后却惹得社会一片哗然。还有一些人为了获得一份工作，居然做起了"面霸"。所谓"面霸"，就是那些总是在用人单位面试，但又总是没有被成功录用的人。这些人中，有人更莽撞，在自己总是投简历且总是没有用人单位回复的情况下，他们就直接"找"上门强行要求企业对其进行招聘面试。

硕士研究生争当环卫工和上述这些求职者一样，都是"只有勇气"但缺少谋略。硕士研究生争当环卫工，其实是人才资源的一种极度浪费。这恰恰印证了国家人事研究机构刚刚出台的调研报告的结论：目前，中国在人才的利用上还很不成熟，是个人才浪费严重的国家。

案例二　"养猪女王"燕君芳的逐梦之路

她是贫困中走出来的女大学生，放弃了令人艳羡的留校任教的机会，带着所有人的不解选择回乡养猪，而且一干就是十多年；她是从18年前借钱上大学，到现在资产过亿，拥有从"饲料生产—种猪繁育—商品猪养殖—猪肉深加工—产品连锁专卖"一个完整产业链集团公司的创业者；她是杨凌本香农业产业集团的董事长，也是全国畜牧协会副主席、全国劳动模范、全国三八红旗手、2008年北京奥运会火炬手、中国十大创业精英、全国巾帼建功标兵、全国光彩事业突出贡献奖获得者、中国优秀女企业家。她，就是燕君芳。

2000年，燕君芳从西北农林科技大学毕业后，开始从事饲料行业。她找到当时已退休在家的崔中林教授作技术顾问，筹资3万多元在杨凌办起一个饲料厂。创业之路荆棘密布，仅陕西省当时就有500多家饲料企业在抢争市场，其中叫得响的品牌就有十几家，燕君芳的饲料到市场上根本无人问津。

创业资金有限，为了用最少的钱印制包装袋，她自己买来布料找人加工。为了吸引农户的注意力，她又在装好的饲料外套上红色的防雨布袋子。在杨凌的农资市场，饲料外包装都是白色编织袋，从没有人用过这么张扬的颜色，凭借此，她顺利地开辟了市场，在第一年就赚了100多万。在随后的两年中，燕君芳通过各种方法打开了陕西省及周围省市的市场，企业也赚了不少钱。

到了2000年10月，猪肉价格一度降到10元三斤，跌到低谷。为了降低损失，养殖户都急于将自家的猪卖掉，饲料生意也就难做了，这使燕君芳刚刚起步的事业陷入困境。燕君芳决定自己养猪，她从外地引进了一种叫作"光明配套系"的瘦肉型猪，自己开起了养猪场。随后又把杨凌附近的大养殖户请来，给当地的养猪户介绍品种，传授他们科学养猪的知识。

但是，这个过程并没有想象中那么顺利。"我都养了这么长时间猪了，我还用你教。"当地农民的这句话给她出了难题。聪明的燕君芳又想了一个办法，她开始给养猪户发钱，一人上一次课10元，一个村子10节课，10节课就是100元，结课后她再对养猪户进行考试，优秀的农户还奖励养猪用的小器械。

2003年上半年，燕君芳跑遍杨凌及周边地区的每个村子，她光给农户支付的"听课费"就达到5万元，通过这个办法，她给700多个村民讲过课。课程结束后，愿意和她合作的生产无公害猪肉的养殖户也发展到了200多个。其中，年出栏2 000头以上的大户就有100多个。2004年8月，村民们养的商品猪陆续出栏，燕君芳按约定将猪回收，在燕君芳看来，为了能比市场上同类产品卖上更高的价钱，就必须以专卖店的形式来销售，于是，她又开起了猪肉专卖店。

2004年9月，燕君芳的第一个专卖店在期待中开业了，但是最终没有等到她所预期的结果。每天得卖出100斤猪肉才能保本的专卖店一天仅能卖出4斤，出现这样的情况，是她千算万算都算不出来的。燕君芳的猪肉专卖店开在西安市消费相对高的地方，"住在这里的居民多数是城市里的高收入人群，他们的消费能力应该没问题呀！"燕君芳坚信自己的选择是正确的，为了解决这种困境，她在店员的提醒下，决定将生猪肉加工成符合白领需求的盒饭开始销售。随着盒饭销量的增加，店里优质可口的猪肉得到了消费者的认可，专卖店的生猪肉销量也日益增加。

经过不懈的奋斗，燕君芳的企业发展成"饲料生产—种猪繁育—商品猪养殖—猪肉深加工—产品连锁专卖"一体的完整产业链，她带领3 000多农户用科学无公害方式养猪致富。现在的本香集团拥有25 000吨母猪、18万吨饲料、50万吨粗粮、50万吨屠宰加工的规模，并在陕西有100多家肉店。2009年她还在北京开了专卖店，2013年，在上海开了第一家专卖店，并在深圳开设了分公司。生意越做越大，燕君芳已拥有亿万资产，但她没有停下奋斗的脚步，反而开始将眼光对准了资本市场，"要成为一个现代化的农业集团，必须和资本市场对接"。2006年，她往返美国六次洽谈合作，不辞劳苦地带领着本香集团迈起上国际化的步伐。

这个从3万元发展起来的公司，见证了燕君芳成长历程中的风风雨雨，回想这些，她认为努力付出便会有回报。拥有大爱的燕君芳在得到财富之后，不但用自己的能力回馈父母的养育之恩，还尽自己的全力回报社会。十年多来，她通过免费办培训班、做技术指导等形式，培训80 000余人次，现场技术指导800多人次，咨询服务2 000多人次，带领7 000多农户用科学无公害方式养猪致富。她积极捐资助学，为灾区、养老院及残障儿童捐款捐物，累计200多万元。她的公司先后投入600余万元，为贫困户优惠或免费提供良种猪、建设猪舍、配备兽医器械等，支持大学生村干部创业，间接创造就业岗位4 000多个。她还组织多种国家间、区域间、行业和企业家交流活动20多次，为大家搭建交流平台。她鼓励激励更多的年轻人到农业行业建功立业，并免费在全国各地重点大学、学院、企业做创业报告20多场。

谈到未来，燕君芳坦言，养猪是她喜欢的事情，她还会继续做下去，而且要做得更好。"我要养最好的猪，给行业做标杆；我要提供最健康的猪肉，让消费者放心；我要把事业做好，为我们的国家开辟一条新的养猪之路。"这就是燕君芳为之而不懈奋斗的梦想。

六、学习建议

通过学习本节内容，帮助大学生树立正确的就业观念，无论是就业还是自主创业，都能够脚踏实地地走好自己的人生之路。

第三节 职业生活中的法律

一、学习重点

了解职业生活中的主要法律法规，对于大学生求职就业以及正确处理有关的法律关系，做到知法、守法具有十分重要的意义。学习本节内容，要求学生掌握《中华人民共和国劳动法》《中华人民共和国劳动合同法》两部法律中关于劳动者的权利和义务、劳动争议处理的程序，懂得依靠法律保护自己作为劳动者的合法权益。

二、典型案例

小心"试用期"变成"白用期"

对于刚刚进入职场的大学生来说，试用期成为他们接触社会首先要面对的挑战。现实中，不少人对于试用期的认识并不深刻，无法维护自己在试用期的正当权益，而一些招聘单位也利用这一点，把毕业生的试用期变成了白用期。有不少企业打着"试用期"的如意算盘。小张2013年7月在南京一家软件开发公司工作两个星期，做程序设计开发。当时这家公司的负责人给他打了几次电话让他去面试，并告诉他企业正处于创业阶段，由于公司的其他几个员工都是从国外回来的留学生，小张觉得从素质、能力以及技术上，这家公司的预期都应该是很不错的，于是同意与该公司签订劳动合同。但是在签订劳动合同的前一天，公司负责人告诉他，前三个月试用期不发工资，小张觉得公司这样做很不合理，所以不同意这个要求。另一负责人和他们内部人员沟通后答应小张，说可以发工资。公司属于初创阶段，小张也知道创业不容易，于是第二天就去签约了，并当天开始工作。7月16日是公司发工资的日子，小张却没有领到自己的工资。在这之后，小张便找到该公司负责人，要求公司按照劳动合同的约定发给自己第一个月的工资，最终公司负责人并没有按照劳动合同的约定补发小张第一个月试用期的工资。

与小张有类似经历的还有小陈。小陈说，毕业这一年，他换了好几份工作，而与用人单位约定试用期是每份工作都要面临的问题。试用期有长有短，短则一周，长则三个月左右，自己经常会遇到在试用期用人单位不给工资的情况。小陈坦言："其实我也知道《劳动法》的一些规定，用人单位这样做是不合法的，但由于找工作太难了，只好迁就用人单位。有些用人单位怕出麻烦，还在合同里面明确写着：试用期不付工资。这摆明了是两厢情愿的事情，用人单位很霸道，这个合同就是以书面形式告诉你'不愿意干就走人，将来你别找我们麻烦！'现在用人单位的算盘打得死精。"

三、案例思考

1. 当我们碰到类似"试用"变成"白用"时，应该如何维护自身的权益？
2. 签订劳动合同时应注意哪些问题？

四、案例点评

小张和小陈这样的例子在生活中不在少数。不少用人单位在毕业生试用期内不签订劳动合同，试用期满后却以不符合录用条件、试用不合格等为由将劳动者辞退。用人单位的这种方法已经违反了我国《劳动法》和《劳动合同法》的相关规定。试用期是用人单位和劳动者协商确定的劳动合同内容之一。按照法律规定，用人单位与劳动者之间，自用工之日起即与劳动者建立劳动关系，建立劳动关系即应依法订立劳动合同。劳动者与用人单位签订劳动合同的时间应在试用期之前。《劳动合同法》第十九条第三款规定：劳动合同仅约定试用期或者劳动合同期限与试用期相同的，试用期不成立，该期限为劳动合同期限。试用期应该包括在劳动合同期限内。

试用期走入劳动合同的误区，使很多毕业生的利益受到损害。那么，如何才能走出劳动合同误区，让试用期不再被白用？根据相关法律规定，试用期应包括在合同期内，最长不得超过6个月。同一用人单位对同一劳动者只能试用一次。

在试用期内，劳动者享有和正式工作时一样的权益。根据有关规定，劳动者在试用期内，依法享有保险待遇的权利。用人单位与劳动者建立劳动关系以后，应按月为劳动者缴纳养老、失业等社会保险费用。劳动者除获得劳动报酬外，还应享受与其他员工相同的保险福利待遇。用人单位如有违反法律法规及合同约定的行为，并对劳动者造成损害的，劳动者有权依法获得赔偿。在劳动合同试用期内如发生劳动争议，可依据有关规定，到市、区、县劳动仲裁部门通过协商、调解、仲裁程序解决。

五、延伸案例

案例一　就业压力增大，大学生在传销面前很软弱

45岁的周××养有两个儿子，大儿子在家附近的工地上打工，二儿子张××心高气傲，大专毕业后发誓不找到好工作不回家。2012年2月，周××接到儿子张××的电话，说自己和同学李××在网上找到了好工作，打算一起去看看。此后好几天，张××一直没有儿子的消息。正在她着急之际，一个自称是李××的人打来电话，说张××出了车祸，让周××赶快带着钱来。周××惊慌失措，凑了钱急忙出发。下车后，李××并没有带周××去医院，而是领她走进城中村一出租房。周××惊奇地发现，儿子张××站在自己面前，根本没出车祸。和儿子在一起的还有十几个男女。后来，周××才知道，儿子和李××是被招工信息骗来的。为了交加盟费，李××还骗来了自己的姐姐。车祸是编造的，她不来送钱，儿子就出不了这个门。而她，一旦踏进这个门，就必须交3 900元的加盟费，否则，也会像儿子一样被禁足。在周围人的鼓动下，她狠狠心向"组织"交了自己和儿子的加盟费。为了捞回本钱，她和儿子一起干起了这骗人的勾当。

3月，根据群众举报，这个传销窝点被端，周××和儿子一起锒铛入狱。

案例二 劳动合同与服务协议

　　胡先生是某名牌大学建筑学硕士,被上海一家建筑设计公司高薪聘用,双方于2009年3月签订了为期5年的劳动合同,合同约定期限至2014年3月31日止。进公司不久,胡先生就显示出了非凡的设计能力,在公司内部的各项考核评比中,他总是名列前茅,成了公司里的业务骨干。2011年1月,公司决定派胡先生去欧洲培训4个月,为此支付了10万元的培训费用。出国培训前,双方签订了服务期协议书,约定胡先生培训结束后,要为公司服务5年,若违反约定辞职,则要支付违约金10万元。

　　培训结束后,胡先生回到公司继续工作。很快,2014年3月31日到来了,双方劳动合同即将期满,由于胡先生的服务期还有2年多,建筑设计公司通知胡先生续订劳动合同,双方对新的劳动合同文本进行了协商。协商中,胡先生表示自己承担了重要的建筑设计工作,要求公司升任自己为设计部门经理,并相应增加工资和待遇。公司则认为,胡先生此时提出增加工资和待遇的要求一时难以满足,因此希望胡先生目前仍应做好本职工作,并表示等以后再予考虑。经过几次协商,双方仍各持己见,以致未能续签劳动合同。建筑设计公司认为胡先生的服务期尚未结束,就发出了要求胡先生在合同期限届满后继续工作的通知。胡先生则认为,双方不能就续签合同达成协议,原合同就应期满终止。于是,胡先生于2014年4月1日起,就再没有到公司上班。公司几经通知,不见胡先生人影,便向劳动争议仲裁委员会申请仲裁,要求胡先生依据约定支付公司违约金10万元。劳动争议仲裁委员会受理后,经调解,胡先生支付公司5万元违约金。

六、学习建议

　　通过生活中常见的劳动纠纷案例来了解认识大学生在就业中可能碰到的种种问题。了解《劳动法》的基本常识,维护自身在求职过程中的合法权益。

第七章 学习法律知识 建设法治体系

第一节 法律及其历史发展

一、学习重点

通过本章内容的学习,要求大学生从法理学的角度了解法律的含义、本质及其产生和发展,领会我国社会主义法律的特征和作用,了解社会主义法律的运行环节,努力提高自身的道德修养与法律素质。

二、典型案例

复旦大学投毒案

2013年3月31日中午,复旦大学2010级硕士研究生林森浩将其做实验后剩余并存放在实验室内的剧毒化合物带至寝室,注入饮水机槽。2013年4月1日早上,与林森浩同寝室的黄洋起床后接水喝,饮用后便出现干呕现象,最后因身体不适入院。2013年4月11日,上海警方接报后立即组织专案组开展侦查。经现场勘查和调查走访,锁定黄洋同寝室同学林某有重大作案嫌疑,当晚依法对林某实施刑事传唤。2013年4月25日,黄浦区人民检察院以涉嫌故意杀人罪对复旦大学"4·1"案犯罪嫌疑人林某依法批准逮捕。

2013年11月27日"复旦投毒案"在上海市第二中级人民法院开庭审理。在法庭审理中,林某当庭供认了起诉书指控其采用投毒的方法致黄洋死亡的事实,但对作案动机、目的等进行了辩解。2014年2月18日,被告人林森浩犯故意杀人罪被判处死刑,剥夺政治权利终身。

2014年5月,复旦177名学生签署请求信,请求法院不要判林森浩死刑立即执行。受害者黄洋的父亲表示不接受请求信内容,他说黄洋去世对家人打击很大,他也不认同"林森浩不是一个极为凶残的人"的说法。

2015年1月8日，上海市高级人民法院作出二审裁定，驳回上诉，维持原判，并依法报请最高人民法院核准。2015年12月11日，上海市第二中级人民法院遵照最高人民法院院长签发的执行死刑命令，将罪犯林森浩执行死刑。

三、案例思考

你认为上述案例反映出我国社会主义法律的什么作用？

四、案例点评

本案例社会影响极大，是在大学校园里发生的典型案例。本案例的关键词有四个：一是集体生活空间；二是专业；三是漠视；四是缺位。案例中林某将剧毒物品置于公共生活空间的饮水机中（其当时行为指向性很强，但是不排除其他同学饮用的可能性）；林某系医学专业学生，熟识所投放的药品，对药品属性、剂量、人饮用的后果有着非常明确的认知；林某对生命的漠视，体现在投毒之后，他有多次机会告知被害人或者医生，减轻对被害人的伤害甚至挽救其性命，可是他却安然度过半个月的时间，眼见着被害人死去；在林某的身上法律是缺位的，他的字典中没有"法律"一词，正如网友评论：对法律没有应有的敬畏，缺乏一种对生命的爱惜，缺乏足够的理性，才会有如此行为。生命是最宝贵的，任何理由在生命面前都显得苍白无力。生存和竞争的压力再大，人也应该有底线。

"复旦177名学生签署请求信，请求法院不要判林森浩死刑立即执行"，只是反映了复旦大学生的善良愿望，但要维护法律的权威性，不能因为人情、舆论、民意影响法律的适用。

五、延伸案例

案例一　我没偷东西

卢某系北京某大学计算机专业的学生。2000年6月，他从网上下载了黑客软件，破译并盗取某公司上网账号与密码，并且向好友与同学广泛传播此账号与密码，还得意地告诉他们："这账号是黑下来的，不付钱就可以上。"致使1 000多人使用这个账号，造成该公司16万多元的经济损失。当卢某因涉嫌盗窃罪被刑事追究时，他竟以并没有偷东西为由替自己辩解。

本案提示大学生注意以下几点：一是发生在大学生身上；二是不是以自己占有钱财为目的；三是涉及网络领域。大学生有知识、有文化，阳光向上，代表社会的正能量，他们本身不想违法犯罪。但是，他们对法律的认识很肤浅、很狭窄，以传统的朴素的法律观生活于当今开放的、现代的市场经济时代，显然不能适应当今时代对人的素质的要求。案例中的男生是一些大学生法律意识淡薄的典型代表，认为没有以占据钱财为目的，尤其是自己主观上没有自私的想法，甚至自己出于"公心"为同学们提供了方便，另一方面还感觉很"得意"，能"黑"下账号，是自己有本事的表现。他完全没有意识到自己的行为是违法的。网络给人们带来了很多便利，也给人们的生活带来极大的改变。一些人包括大学生认为网络世界是虚拟的，自己在网上是匿名的，所以就放松了对自己的要求，甚至放纵自己。

案例二　上海钓鱼执法事件

2009年10月14日，上海市浦东新区，18岁男子孙中界开着公司车，因好心让一名乘客搭乘，不料这名乘客竟是上海交警队"钓鱼执法"的工具。孙中界也因"非法营运"遭到罚款。他回公司后又遭到同事的指责，为了表示自己的清白，一怒之下他便自断小指，并上诉法院。在孙中界进医院的第二天，哥哥孙中记到附近的派出所报案，但派出所表示拒绝受理，理由是"我们是执法的，他们也是执法的，怎么管？"孙中记只得向媒体投诉，10月16日，上海两家都市报对此事件进行了报道，经互联网转载，引起轩然大波——"一天来五六拨媒体"。第二天，浦东新区城市管理行政执法局回应："10·14"涉嫌非法营运一事（指孙中界黑车事件）不存在"倒钩"问题。舆论再一次哗然。4天后，在上海市领导的干预下，上海浦东新区第二次成立了调查组，展开了进一步的调查。

据上海媒体10月17日报道，10月14日发生在浦东闸航公路上的"涉嫌非法营运"交通行政执法一事，引起上海市政府的高度重视。上海市政府已明确要求浦东新区政府迅速查明事实，并将调查结果及时公之于众。上海市政府强调，必须坚持依法行政、文明执法，依法维护正常的交通营运秩序，依法维护经营者、消费者的合法权益。对于采用非正常执法取证手段的行为，一经查实，将严肃查处。

案例三　聪明反被聪明误

北京某重点大学工科学生孙某，聪明好学，尤喜"钻研"侦探小说，颇有心得，要与警察一比高低。为了检验自己与警察较量的结果，他开始盗窃学生宿舍的财物（他家经济条件很好）。每次作案，他都要把握两条"原则"：一是控制盗窃财物的价值量，不能达到法律规定的"数额较大"的标准，以免构成犯罪；二是不能在现场留下指纹，因而每次作案他都不忘戴上手套，并在退出房间时用拖把抹去足迹。当他被抓，警察告诉他，他多次作案，累计盗窃金额巨大，已构成盗窃罪时，他才"如梦初醒"！孙某自以为懂法，而实际上是个危险的法盲。他只知道"盗窃罪是秘密窃取公私财物数额较大的行为"，却不知道盗窃数额是累计的。当他得知这些时，竟为自己对法律的无知而号啕大哭。

本案例反映了大学生仅仅具有片面的零散的法律知识，而缺乏对法律的系统认识。孙某不是完全不懂法律，所以，他能够控制盗窃财物的价值量，"以免构成犯罪"，但他不知道"多次作案，累计盗窃金额巨大"，也能构成犯罪，更反映出大学生对于法律的漠视，将法律作为可以"智斗"的游戏，觉得通过策略，就可以逃脱、超越法律。这些都是法律意识淡漠、法律观念缺失的表现。可见，知法绝不是对法律的一知半解，它不仅要求对法律条文有完整准确的理解，而且要求对法律、法治原则有一个正确的认识，同时要有一个健康的法律心理。

六、学习建议

通过本节学习，请同学参看与这几个案例有关的相关报道，增强法律意识。

第二节 我国的宪法

一、学习重点

本节主要要求学生学习宪法的相关知识，增强学生的宪法意识，加深学生对作为国家根本大法的宪法所确立的基本原则和国家根本制度的认识和理解。

二、典型案例

"中国宪法司法化第一案"——齐玉苓案

1990年，山东省滕州第八中学初中毕业生齐玉苓考上济宁商校，却被同村同学陈恒燕盗用姓名就读直至毕业，毕业后陈继续冒用齐的名字参加工作。齐诉陈侵犯姓名权、受教育权纠纷案，经山东省高院二审公开开庭审理，并获最高人民法院批复，于2001年8月24日向社会公布审理结果：齐玉苓获得共计10余万元的赔偿。

此案被称为"中国宪法司法化第一案"。

(一) 中考"失利"，年轻女孩遭遇下岗

1990年夏，山东省枣庄市滕州鲍沟镇圈里村17岁的姑娘齐玉苓在中考后，一直没能获得录取通知书。以为自己未被录取，齐玉苓最终借钱上了邹城技工学校。命运弄人，技校毕业后，没干两年的工作因厂里减员分流，齐玉苓成了下岗大军中的一员。于是，每天早上卖早点、下午卖快餐便成为齐玉苓维持生活的唯一途径。

时光荏苒，转眼到了1999年。已准备结婚的齐玉苓，遇到了一件蹊跷事。

（二）"真假"齐玉苓，同村同学冒名顶替

从朋友处，齐玉苓无意中得知，当地银行有一个与自己同名同姓的人。齐玉苓倍感诧异，因为姓名同音不奇怪，但"苓"字也一样就有点让她好奇了，而更让齐玉苓震惊的还在后面——这名"银行齐玉苓"正是1990年考取中专的，而且这个人上的中专正是当年齐玉苓所报考的济宁商校。

经过仔细调查，齐玉苓发现，那个已是银行储蓄所主任、为人母的"齐玉苓"竟是原圈里村党支部书记陈克政的女儿陈恒燕。事实上，陈恒燕早在自己预考落选之后就开始了冒名齐玉苓的行为。没资格参加统考的陈恒燕，用齐玉苓的名义取得了鲍沟镇政府的委培合同，而费尽心血考试的齐玉苓，却对一切茫然无知。

（三）弄虚作假9年，冒名者站上被告席

9年后突然出现的这场变故，让齐玉苓无论如何也不能接受。她没想到，当年她自以为中考失利而痛苦万状的时候，却已有人偷偷拿走了她的录取通知书，摇身一变，成了"齐玉苓"，上了本是她考上的济宁商校，从此当上了城里人，还捧上了银行这令人羡慕的饭碗。而自己却在打工、下岗。

1999年1月29日，齐玉苓在家人的帮助下将陈恒燕及其父、山东省济宁商业学校、滕州第八中学、山东省滕州市教育委员会等推上法院被告席。

齐玉苓在诉状中表示：由于各被告共同弄虚作假，促成被告陈恒燕冒用原告的姓名进入济宁商校学习，致使原告的姓名权、受教育权以及其他相关权益被侵犯。请求法院判令被告停止侵害、赔礼道歉，并赔偿原告经济损失16万元，精神损失40万元。

（四）不满一审判决，坚持维护受教育权

1999年5月，枣庄市中院对齐玉苓诉陈恒燕等四被告一案作出一审判决。一审判决后，没有认定齐玉苓的受教育权被侵犯，齐玉苓又上诉至山东省高院。而这起特殊的案件着实让法官感到为难，陈恒燕等人侵犯了齐玉苓受教育的权利，应该承担民事责任，但是却苦于找不到具体的法律规定。所以决定向最高法请示。

2001年6月28日，最高法作出批复，明确指出：以侵犯姓名权的手段侵犯他人依据宪法规定享有的受教育权，应承担相应的民事责任。山东省高级人民法院据此对这场冒名顶替上学案作出了终审判决：判令陈恒燕停止对齐玉苓姓名权的侵犯，济宁商校、滕州教委、滕州八中承担连带赔偿责任，与陈恒燕父女共同赔偿齐玉苓精神损失费5万元、赔偿齐玉苓因受教育权被侵犯所造成的经济损失5万余元，总计10万余元。

（本案例来源：四川长安网）

三、案例思考

结合本案谈谈你对宪法司法化的理解。

四、案例点评

在我国司法实践中，由于种种原因，宪法没有作为法院裁判案件的直接法律依据。从新中国成立至今，各级法院在审理案件的过程中，往往回避在法律文书中直接引用宪法。因此，作为国家根本大法，宪法中规定的部分公民基本权利内容在司法实践中发生争议时，可能难以获得有效的司法救济。

发生在20世纪90年代的山东齐玉苓诉陈恒燕等人一案，事关宪法规定的平等受教育权，因首次引用宪法规定进行判决，被司法界、学术界、媒体称为"宪法司法化第一案"。最高法对齐玉苓案的批复，成功实现了宪法中公民基本权利条款在普通诉讼中的适用。

五、延伸案例

案例一 曹菊"性别歧视第一案"

曹菊（化名）是北京某学院的应届毕业生，在毕业找工作之际，她在智联招聘网站看到了巨人教育发布的行政助理职位招聘启事，曹菊认为自身的条件符合该职位的描述，能胜任该工作，内心十分欢喜。经过一番准备，曹菊2012年6月12日向巨人教育对外公布的招聘邮箱投递了简历。

2012年6月25日，曹菊再一次登录智联招聘查看投递简历消息时，发现巨人教育的行政助理招聘启事中有一条"仅限男性"的条件。难道自己是因为性别原因被拒吗？带着这样的疑问，曹菊在当天致电巨人教育进行询问，巨人教育答复称该职位只招男性，即使曹菊各项条件都符合，也不会予以考虑。

（一）维权：求助公益机构 依法维权反歧视

曹菊被拒录后，感觉非常郁闷，"难道女生就不能做行政助理吗？难道传说中的性别歧视被自己遇上了？"带着这样的疑问，她咨询了在大学生公益活动中结识的知名反歧视公益机构北京益仁平中心，通过咨询，曹菊意识到用人单位因为性别原因拒录自己的行为属于性别歧视，违反了《就业促进法》《妇女权益保障法》等相关法律法规。于是，她决定通过法律途径来维护自己的合法权益。

（二）调查：女性受歧视现象普遍，故有人认为"干得好不如嫁得好"

曹菊的遭遇并不是个案，就业市场的性别歧视现象非常普遍。全国妇联妇女发展部2011年发布的《女大学生就业创业状况调查报告》指出，56.7%的被访女大学生在求职过程中感到"女生机会更少"，91.9%的被访女大学生感受到用人单位的性别偏见。

北京市妇儿工委2011年8月12日发布《北京市高校女大学生就业情况调查报告》指

出，目前，女大学生在就业过程中受到不公正待遇和性别歧视的情况比较普遍，61.5%的女大学生在求职过程中受到过歧视。但女大学生对此一般采取回避、妥协态度。

国内知名反歧视公益人士、香港中文大学公民社会研究中心客座研究员陆军在接受记者采访时认为："2013年国务院办公厅专门出台文件，禁止招聘设置性别限制，这表明性别就业歧视的普遍性和严重性，同时体现出了国家对就业性别歧视的重视。违法违规的用人单位能否受到法律的惩罚？被歧视的大学毕业生能否受到法律的保护？这关乎国家的大学生就业政策是否能真正落实。因此，'性别就业歧视第一案'的走向非常关键。"

（三）专家观点：性别歧视亟待消除，曹菊案走向至关重要

曹菊的代理律师、北京瑞风律师事务所的黄溢智女士认为："在《就业促进法》《妇女权益保障法》等相关法律对平等就业有明确规定的情况下，巨人教育公司职位招聘'只限男性'的行为明显属于就业歧视行为，侵犯了原告的平等就业权。《就业促进法》第62条亦明确规定，遭受歧视的劳动者可以向人民法院提起诉讼。作为社会正义的最后一道防线，望海淀法院能够尽快开庭、公正审判，以保障法律所赋予的女性劳动者的诉权。"

知名就业歧视法律学者、中国政法大学宪政研究所负责人刘小楠副教授介绍，该所2010年发布的《当前大学生就业歧视状况的调查报告》显示，在应聘过程中，68.98%的用人单位对大学生求职者的性别有明确要求。"用人单位的性别限制已经成为女大学生求职的主要门槛之一。但由于歧视行为往往表现得比较隐蔽而间接，以及反歧视法律知晓度低，女大学生通常选择忍气吞声。2008年生效的《就业促进法》明确规定了就业歧视案件可以向法院起诉，但迄今尚无女性求职者因性别限制而起诉，司法部门理应保障法律明确赋予女性的诉权。"刘小楠说。

公益机构妇女传媒监测网络负责人吕频（微博）认为："当前社会对女性的定位形成一种怪圈，一方面要求女性要独立，另一方面却又在女性就业和融入社会的道路上设置各种障碍。这种对女性的苛刻要求和长期的压抑，经量变必然会达到质变。"吕频说，"本案的原告诉讼行为值得赞赏。国家应该鼓励女性依法维权，这对于国家反歧视法律的实施、女性的就业环境以及性别平等的推动都有着重要的意义。"

本案于2012年7月11日提起诉讼，期间经尝试控告、举报、建议信等多种努力，备受社会关注的"曹菊诉巨人教育性别就业歧视案"9月10日终获受理。

2013年9月10日上午，曹菊到北京市海淀区法院提交"性别歧视第一案"立案费，并手持"立案了，yeah"字版在法院门口拍照留念。

"2013年晚上9点，我想我会永远记住这个时刻。我的律师黄溢智给我打电话，非常激动地告诉我案件获受理时，我悲喜交加。历时一年的案件司法推动再加上该案行政诉讼一审的败诉，让我很失望。"曹菊说，"但本次民诉立案，让我再次看到了希望，我想我还会坚持下去。"

《中华人民共和国宪法》第33条规定："中华人民共和国公民在法律面前一律平等。"这是我国宪法规定的基本原则，是社会主义制度的一项重要原则，也是我国公民的一项基

本权利。我国宪法确立的"人权保障原则"就是指"人作为人享有和应当享有的基本权利",包括"公民在社会经济文化方面的权利",本案中巨人教育公司的招聘信息违反了法律的规定,构成了对曹菊某劳动权的侵犯。

案例二　破坏社会主义制度案

王某在初中读书时,由于好打架斗殴,不思读书,成绩不佳,多次被老师批评,1985年初中毕业没有考上高中,在家闲待着。此期间,其父因犯强奸罪被判刑。1986年其父托人将他送入职中,因为其父犯罪,使他受连累,同学骂他是杂种。同时,又因学习不好、好斗,老师也歧视他。这使他心里很不满,乃至怨恨这个社会不公平。于是他偷偷写了一张攻击社会主义的大字报,并连夜贴在县政府大门口的墙上,结果3天后他被捕。

评析:王某由于家庭和个人的问题,由怨恨而迁怒于政府,进而仇视社会主义。《中华人民共和国宪法》第一章第一条规定:"社会主义制度是中华人民共和国的根本制度。禁止任何组织或个人破坏社会主义制度。"王某攻击社会主义制度的行为,构成破坏社会主义制度的行为,为了维护宪法的尊严和保卫社会主义制度,王某理应受到法律的惩罚。

案例三　孙志刚事件

2001年毕业于武汉科技学院艺术设计专业的大学生孙志刚,案前任职于广州达奇服装公司。2003年3月17日晚上,孙志刚在前往网吧的路上,因未携带任何证件被广州市天河区黄村街派出所民警李耀辉带回派出所对其是否"三无"人员进行甄别。孙被带回后,说自己有正当职业、固定住所和身份证,并打电话叫朋友成先生把他的身份证带到派出所来,但李耀辉却没有对孙的说法进行核实,也未同意孙的朋友"保领"孙志刚,也未将情况向派出所值班领导报告,导致孙被错误地作为拟收容人员送至广州市公安局天河区公安分局待遣所。3月18日晚,孙志刚称有病被送往市卫生部门负责的收容人员救治站诊治。3月19日晚至3月20日凌晨,孙志刚在该救治站206房遭连续殴打致重伤,而当晚值班护士曾伟林、邹丽萍没有如实将孙志刚被调入206房及被殴打的情况报告值班医生和通报接班护士,邹丽萍甚至在值班护理记录上作了孙志刚"本班睡眠六小时"的虚假记录,导致孙志刚未能得到及时救治,3月20日,孙志刚死于这家收容人员救治站。法医事后鉴定,其因大面积软组织损伤致创伤性休克死亡。后经广州中级人民法院、广州白云区法院和天河区法院三地同时审理,涉案的18名被告人受到法律制裁。

如果该案件的发生仅仅停留在这个层面上,那其意义仅仅是一起普通刑事案件得到公正处理。但是该案件经媒体披露后,在法学界却引起了巨大波澜,法学界展开了一场关于良法之治的大讨论。大家一致认为如果不从法律制度本身去解决问题,今后还会有李志刚、刘志刚等被收容致死,因此强烈呼吁,不要让孙志刚的血白流,不要让类似的悲剧重演,从这次事件中吸取教训,以此为契机,使其成为推动中国依法治国、实现社会主义法治国家进程的里程碑。

圣哲亚里士多德在定义法治时说:"法治应包含两重意义:已成立的法律获得普遍的服从,而大家所服从的法律又应该是制定得良好的法律。"亚里士多德是提出良法之治思想的第一人,以后经过自然法学派和其他学派的不断经营和发展,今天就现代社会来说,良法之治中的良法至少应当包括以下几点:①法律必须体现人民主权原则,必须是人民根本利益和共同意志的反映,并且是以维护和促进全体人民的综合利益为目标的。②法律必须承认、尊重和保护人民的权利和自由。③法律面前一律平等。④法律承认利益的多元化,对一切正当利益施以无歧视性差别的保护。

良法是法治的最低要求。所谓法治,首先是良法之治。其实哲学上所追求的对人的终极价值——真、善、美,在法治上只要有一个价值成立,其余就会同时展开。倘若在立法上解决了良法之治即解决了善的问题,那么在法的实施上必然要求真法之治,而不是有法无治。而善法与真法之治的实践结果,便给人以艺术的价值,即美法之治。法治当中的良、善指益于人的道德准则,在观念形态上它已转化为人人都能接受的正义。法律制度在设计和构建过程中被要求的分配正义、校正正义、实体正义、程序正义等都是它的内容。法律以正义实现为追求,该法便是善法、良法,舍弃了正义的价值标准,法便是恶法。良法、恶法价值标准的确立,使人们在观念上有了"法上之法"与"法下之法"以及"合法之法"与"不法之法"之分。正义为法上之法,追之近之为合法之法,去之远之则为法下之法或不法之法,亦即恶法。恶法不为法,人人有权予以抵抗。在一社会中,人们有无抵抗恶法的意识,是衡量其法治观念强弱的标准之一。在现代社会,为求得良法,应将正义、自由、公平、安全、生存确定为良法之恒定价值,在此基础上实现正义与利益的统合、自由与秩序的统合、公平与效率的统合、安全与和平的统合、生存与发展的统合。良法成为衡量价值关系而使价值冲突降至最低限度之法。这一价值尺度应成为立法的首选原则。将这一观念推之于社会,公众也就掌握了判别法律正义与否的标准,法治随之也就具有了去恶从善的内在活力。

经过 20 多年的民主法制建设,中国已基本上确立了一个囊括社会各方面的法律体系框架,在法治道路上也得到越来越多的社会认同,然而我们的法律甚至包括宪法在内的一些法律应有的权威却始终未能绝对确立,凌驾于法律之上的权力、模糊法律界限的人情、腐蚀法律尊严的金钱……现实中仍有不少的事物高于法、大于法、外于法。立法过程中还未广泛采用调查、听证等公开化、民主化方式,特别是一些层次较低的地方性立法和部门立法与社会公益之间的关系,表现为权力色彩、地方和部门利益气息过于浓厚,使这些立法用普遍的法治原则乃至宪法和一些国家基本法律进行衡量,都很难称得上"法",与法治理想中的良法之治相比,形势依然严峻。

结合孙志刚案,当时适用的《城市流浪乞讨人员收容遣送办法》(以下简称《收容遣送办法》)就难以称得上良法,是导致孙志刚之死一案的重大制度缺陷。2003 年 5 月 14

日，许志永、俞江、滕彪三位法学博士以普通公民身份向全国人大常委会提出审查《城市流浪乞讨人员收容遣送办法》的建议，其中心有三点：一是收容遣送制度有违法治精神，应予废除。二是《收容遣送办法》违反了宪法和《立法法》的有关规定，应予改变或撤销。三是全国人大常委会应尽快启动违宪审查机制。另外，全国人大代表建议修改《收容遣送办法》，增加错误收容赔偿机制；多位法学家也提请人大启动特别程序调查孙志刚案。

全国人大常委会办公厅新闻局牛龙云在《瞭望》杂志上撰文指出，"孙志刚事件"和三博士上书全国人大常委会事件，也许将被记入中国依法治国的历史之中。

2003年6月20日，国务院总理温家宝签署国务院第381号令，《城市流浪乞讨人员收容遣送办法》被废止，取而代之的是《城市生活无着的流浪乞讨人员救助管理办法》。

（本案来源：圣才学习网）

六、学习建议

通过本节内容的学习，要求大学生从法理学的角度了解法律的含义、本质及其产生和发展，通过观看《今日说法》《法律讲堂》等栏目来领会我国社会主义法律的特征和作用，了解社会主义法律的运行环节，增强法律意识。

第三节 建设中国特色社会主义法治体系

一、学习重点

通过本节学习，要求学生明确建设中国特色社会主义法治体系的意义、主要内容和全面依法治国的基本格局。

二、典型案例

聂树斌案

1995年4月25日，河北省鹿泉县（今为鹿泉市）人聂树斌因故意杀人、强奸妇女被判处死刑，剥夺政治权利终身，同年4月27日被执行死刑。2014年12月12日，最高人民法院指令山东省高级人民法院复查河北省高级人民法院终审的聂树斌故意杀人、强奸妇女一案。2015年6月、9月和12月,聂树斌案复查期限先后延期三个月。2016年2月,山东高院决定再次延长复查期限三个月,至2016年6月15日。

2005年1月17日,河南省荥阳市公安局索河路派出所干警抓获河北省公安机关网上通缉逃犯王书金。王书金除交代在广平县实施多起强奸杀人案件外,还供称曾在石家庄西郊方台村附近玉米地内强奸、杀害一名青年女性。2007年3月12日,河北省邯郸市中级人民法院作出一审判决,以故意杀人罪判处王书金死刑,剥夺政治权利终身;以强奸罪判处王书金有期徒刑十四年,剥夺政治权利五年。决定对王书金执行死刑,剥夺政治权利终身。王书金不服,上诉至河北省高级人民法院。2013年9月27日,河北省高级人民法院二审宣判,王书金供述与石家庄西郊强奸杀人案证据不符,不能认定王书金作案,驳回上诉,维持原判。之后,该案报最高人民法院进行死刑复核。

(一) 案件详情

2016年12月2日,最高人民法院第二巡回法庭对原审被告人聂树斌故意杀人、强奸妇女再审案公开宣判,宣告撤销原审判决,改判聂树斌无罪。

1994年9月23日下午,在石家庄市电化厂宿舍区,聂树斌因被石家庄市公安局郊区分局民警怀疑为犯罪嫌疑人而被抓。1994年10月1日,聂树斌被刑事拘留;10月9日,因涉嫌故意杀人、强奸妇女被逮捕。

1994年12月6日,石家庄市人民检察院以聂树斌犯故意杀人罪、强奸妇女罪,向石家庄市中级人民法院提起公诉。石家庄市中级人民法院依法不公开开庭审理了此案,并于1995年3月15日作出(1995)石刑初字第53号刑事附带民事判决。石家庄市中级人民法院认定:"聂树斌于1994年8月5日17时许,骑自行车尾随下班的石家庄市液压件厂女工康某某,至石郊孔寨村的石粉路中段,聂故意用自行车将骑车前行的康某某别倒,拖至路东玉米地内,用拳猛击康的头、面部,致康昏迷后,将康强奸。而后用随身携带的花上衣猛勒康的颈部,致康窒息死亡。"判决聂树斌"犯故意杀人罪,判处死刑,剥夺政治权利终身;犯强奸妇女罪,判处死刑,剥夺政治权利终身。决定执行死刑,剥夺政治权利终身。判决聂树斌赔偿附带民事诉讼原告人康××丧葬费及其他费用二千元。"

聂树斌不服,向河北省高级人民法院提出上诉。河北省高级人民法院1995年4月25日作出(1995)冀刑一终字第129号刑事附带民事判决。河北省高级人民法院认为"上诉人聂树斌拦截强奸妇女、杀人灭口,情节和后果均特别严重。原判决认定事实正确,对被告人聂树斌犯故意杀人罪的量刑及民事赔偿数额适当;对强奸妇女罪量刑重",判决"维持石家庄市中级人民法院(1995)石刑初字第53号刑事附带民事判决,以故意杀人罪判处聂树斌死刑,剥夺政治权利终身及原判决第(二)项赔偿附带民事诉讼原告人丧葬费及其他费用二千元整;撤销石家庄市中级人民法院(1995)石刑初字第53号刑事附带民事判决对被告人聂树斌犯强奸妇女罪的量刑部分;上诉人聂树斌犯强奸妇女罪,判处有期徒刑十五年。与故意杀人罪并罚,决定执行死刑,剥夺政治权利终身。"

(二) 案件发展

1. 法院复查

2014年12月12日，最高人民法院根据河北省高级人民法院申请和有关法律规定的精神，决定将河北省高级人民法院终审的聂树斌故意杀人、强奸妇女一案，指令山东省高级人民法院进行复查。

2014年12月12日，山东高院立案复查当天，该院复查工作合议庭法官会见了聂树斌近亲属和其代理人，依法向聂树斌母亲张焕枝送达了立案复查决定书。

2. 答记者问

最高人民法院审监庭负责人就最高人民法院指令山东省高级人民法院复查聂树斌故意杀人、强奸妇女一案答记者问。

（1）对聂树斌案为什么要指令异地复查？

复查工作是人民法院确定案件是否应该重新审判的必经程序，是审判监督程序的有机组成部分。聂树斌案是一起社会高度关注的重大复杂案件。为确保司法公正，切实回应人民群众关切的问题，最高人民法院根据河北省高级人民法院申请和有关法律规定精神，决定对聂树斌案指令山东省高级人民法院异地复查，并要求复查过程依照法律规定公开，充分体现客观公正。

（2）山东高院将适用什么程序进行复查？聂树斌案是否可以聘请律师？律师是否可以阅卷？

山东高院将按照刑事诉讼法及《最高人民法院关于适用〈中华人民共和国刑事诉讼法〉的解释》的相关程序要求复查聂树斌案。具体复查工作严格按照"公开、公平、公正"的原则依法开展。

《刑事诉讼法》第241条规定，当事人及其法定代理人、近亲属，对已经发生法律效力的判决、裁定，可以向人民法院或者人民检察院提出申诉。《最高人民法院关于适用〈中华人民共和国刑事诉讼法〉的解释》第371条规定，申诉可以委托律师代为进行。因此，聂树斌的近亲属可以聘请律师代为申诉。根据刑事诉讼法相关规定精神，聂树斌近亲属委托代为申诉的律师可以查阅、摘抄、复制相关的案卷材料。

（3）山东高院何时会让律师阅卷？

最高人民法院已经责成山东高院根据复查工作的进展情况通知律师阅卷，依法保障律师阅卷、提出代理申诉意见等诉讼权利。复查过程中，被告人及被害人的近亲属均可以委托律师。山东高院将抽调精干力量组成合议庭复查此案，为确保司法公正，人民法院将依照法律规定公开复查此案。

3. 获准阅卷

2015年3月17日，聂树斌案申诉律师李树亭、陈光武律师在山东高法首次查阅完整卷宗，含聂案3本、王书金案8本、河北调查组卷宗6本。聂树斌母亲和律师表示，阅卷范围之广远超预期、出乎意料。法官说："阅的是原卷，可复印拍照。"

4. 召开听证会

为充分体现公开、公平、公正的原则，根据聂树斌故意杀人、强奸妇女一案复查进展情况，参照有关规定和相关司法解释，山东省高级人民法院决定就该案于4月28日13时30分召开听证会，听取申诉人及其代理律师、原办案单位代表意见。

5. 再延复查期限

2015年9月15日，聂树斌母亲张焕枝和代理律师李树亭来到山东高院询问案件复查结果。早上9点半，张焕枝走出法院，复查再次延期至12月15日。

6. 复查第3次延期

山东高院复查聂树斌故意杀人、强奸妇女一案，因案件重大、复杂，复查工作涉及面广，参照《最高人民法院关于适用〈中华人民共和国刑事诉讼法〉的解释》第173条的规定，经报请最高人民法院批准，决定再次延长复查期限三个月（至2016年3月15日止）。

7. 复查第4次延期

第三次延长复查期限内，申诉代理律师于2016年2月再次递交了新的证据材料及线索。山东高院审查认为，申诉代理律师提交的相关证据材料及线索确有核查必要，相关调查工作在第三次延期内难以完成。经征求申诉人及代理律师的意见，参照《最高人民法院关于适用〈中华人民共和国刑事诉讼法〉的解释》第222条第1款、第2款，第173条的规定，报请最高人民法院批准，山东高院决定再次延长复查期限三个月，至2016年6月15日。

8. 送达再审决定书

2016年6月6日，最高人民法院决定依法提审原审被告人聂树斌故意杀人、强奸妇女一案，按照审判监督程序，重新审判，并于2016年6月8日在山东省高级人民法院向聂树斌的母亲送达了再审决定书。

2014年12月，最高人民法院根据河北省高级人民法院申请和有关法律规定精神，决定将该院终审的聂树斌故意杀人、强奸妇女一案，指令山东省高级人民法院进行复查。

山东省高级人民法院经复查认为，原审判决缺少能够锁定聂树斌作案的客观证据，在被告人作案时间、作案工具、被害人死因等方面存在重大疑问，不能排除他人作案的可能性，原审认定聂树斌犯故意杀人罪、强奸妇女罪的证据不确实、不充分，建议最高人民法院启动审判监督程序，重新审判，并报请最高人民法院审查。

最高人民法院经审查，同意山东省高级人民法院的意见，认为原审判决据以定罪量刑的证据不确实、不充分。依照《中华人民共和国刑事诉讼法》第242条第2款、第243条第2款之规定，决定提审本案。

最高人民法院表示，将依法组成合议庭，以对法律负责、对人民负责、对历史负责的态度，以事实为根据，以法律为准绳，依法公开、公平、公正审理本案。再审审理情况将依法适时向社会公布。

9. 被判无罪

2016年12月2日，最高人民法院第二巡回法庭对原审被告人聂树斌故意杀人、强奸妇女再审案公开宣判,宣告撤销原审判决,改判聂树斌无罪。

10. 具体赔偿

2017年3月30日,聂树斌母亲张焕枝已收到河北高院寄送的国家赔偿决定书,各项赔偿共计268.139 91万元,其中人身自由赔偿金52 579.1元,死亡赔偿金、丧葬费126.482万元,精神抚慰金130万元,张焕枝个人的抚养费6.4万元。

该赔偿决定中的130万精神损害抚慰金,创下国内冤错案国家赔偿的最高纪录,此前最高的是呼格吉勒图父母获得的100万元。

聂树斌母亲张焕枝表示,对赔偿决定书中的内容无异议,不会申诉,"它(赔偿决定书)生效期还有一个月,就等待它生效吧。"

(三)赔偿文书

经释明法律规定并在充分协商的基础上,河北高院与赔偿请求人达成如下协议:(1)向聂学生、张焕枝支付死亡赔偿金、丧葬费1 264 820元(国家2015年度职工年平均工资63 241元乘以20);(2)就聂树斌被侵犯人身自由的损失给聂学生、张焕枝52 579.1元(国家2015年度职工日平均工资242.3元乘以217天);(3)一次性支付张焕枝生活费64 000元;(4)支付聂学生、张焕枝二人精神损害抚恤金1 300 000元;(5)鉴于河北省高级人民法院前期已经通过新闻媒体公开赔礼道歉,有关人员亦代表法院当面向赔偿请求人进行了道歉,故赔偿请求人对消除影响、恢复名誉、赔礼道歉的请求不再主张;(6)赔偿请求人提出的其他请求,因不属于《国家赔偿法》规定的赔偿范围,赔偿请求人不再主张。上述法定赔偿金额合计为2 681 399.1元。

(案件来源:百度百科)

三、案件思考

以聂树斌案为出发点谈谈依法治国的意义。

四、案例点评

聂树斌案件反映出我国长久奉行的司法状态固有的弊病——中国传统的法律理念和制度都是重实体而轻程序,司法界证据搜集不遵守合法程序,对犯罪嫌疑人刑讯逼供,为取得证据不择手段,强势的司法裁判权对弱势的当事人诉权的压制,这些从根本上融入司法系统的不合法理念已然造成了众多冤假错案。回顾聂树斌案,联系我国《刑事诉讼法》在此案前后的变化,无论是对证据的重视程度,还是对当事人合法权利的保障,我国的司法界都取得了长足的进步,并且为后来者,无论是司法系统的法官还是诉讼参与人,提供了宝贵的经验。虽然不如美国的辛普森杀妻案那般当事人未曾蒙受损失,但是以惨痛且反面的实例推动了对司法公正的追求。"正义不仅应得到实现,而且要以人们看得见的方式加以实现"。

司法公正关乎每个人的权利，既是法治精神的重要体现，亦是对嫌疑人人权的尊重和保护。司法公正得到认可和实施后，受益的将不是某个个人，而是整个社会，是社会上的所有人。

五、延伸案例

案例一　多次规划的"新城"

江西赣南某贫困县，年财政收入不到一亿元。15年里，换了四任书记县长，"新城"开发的位置依次从北至南，再从南至北，改动了三次，光规划费用就花费了2 000余万元。至今南北两处"新城"，都是半拉子工程，境内怨声载道。

依法治国，首先要求各级领导干部树立法制观念、学会法治思维、带头遵守法律。从漫长的封建社会各个王朝来看，比较繁荣的治世，诸如文景、贞观、康乾等年代，都以皇帝和臣子们能够俭约自爱、奉公守法为先决条件，才使得百姓安居乐业，天下较为太平；反过来，众多干戈四起、生灵涂炭的乱世，又无不以统治者放纵私欲、践踏法律、蔑视公理为滥觞。古今一理，新中国成立60多年来，在各项建设欣欣向荣、稳健发展的五六十年代和近30年来，靠的就是我们大多数领导干部严于自律、模范守法。如今，在步入改革开放的攻坚期和深水期的关键时刻，之所以要把依法治国作为一个重要议题，在中央全会上进行研究讨论，并加以重大完善和改进，特别是提出依法决策五个程序，还有重大决策合法性审查机制，就是为了有助于各级领导干部在行政管理活动中树立法治思维。而建立重大决策终身责任追究制度及责任倒查机制，也是为了有力地规范行政决策行为。各级领导干部，特别是高级领导干部，要切实自觉地学法守法用法，做遵纪守法的模范，在决策和施政当中，善于应用法治思维和法治方式，学会用法律的眼光看问题、置身法律的框架下做决策，坚决避免"领导批示就是法"、"领导拍板就是法""领导支持就是法"的错误意识和违法行为。要始终以法律容许不容许、法律追究不追究来考量问题，最大限度地杜绝"一个将军一道令""新官不理旧账"等唯我独尊、自行其是的法盲行径，从源头上避免劳民伤财的形象工程、面子工程。要习惯于一任接着一任干，多做一些民生工程、基础工程，从而更好地履行自己的职责。

案例二　霸气干警刁横执法

山西吕梁某县，2003年7月。青年刘某酒后闯到与其有情感纠葛的王某家闹事。"110"干警赶到后，刘某不听劝告，对穿便衣的副队长推搡了一下。"110"队员当即把刘某押回县公安局，将其双臂铐在暖气管上，一顿暴打，导致刘某左眼失明，至今未做一声道歉，赔偿更无从谈起。

依法治国，要求各级政法机关和执法执纪部门要奉公守法、严格自律，模范执行法律。政法机关作为国家法律载体和具体的执行部门，理应在法律规定的框架内行使职权。然而，当下的许多乱象表明，为数甚多的政法部门的工作人员，特别注重个人利益、团体利益和局部利益，有法不依、执法不公、执法不严、以罚代法的案例时有发生，霸气干警、糊涂法官和刁横执法人员时有曝光，在很大程度上影响了法律部门的形象，滋长了黑恶社会的蔓延坐大。一些执法执纪部门，则是围着当地主要领导和部门利益转，利欲熏心，肆无忌惮，公然知法犯法，深为群众所诟病。"打铁必须本身硬"，要实现依法治国的宏伟目标，各级政法机关和执法执纪部门理应深怀对法律的敬畏之心，自觉学法、带头守法、严格执法、甘于淡泊、恪守原则，不搞潜规则，不越雷池一步，时时处处维护法律的尊严，维护自身的形象，让法纪观念蔚然风行。

案例三　蛮横青年医院行凶

2014年11月3日下午，安徽省含山县孙某带着妻子戴某到巢湖市康平妇产医院做无痛人流手术后，闯进手术室，质问护士长："为什么有男的（医生）在？"护士长解释："他是麻醉师，为了患者安全，麻醉师必须在场观察。"孙某不由分说，对麻醉师拳脚相加，随后拿出刀子刺到医生右侧腰部，医生当场倒下，孙某立即逃离。

依法治国，更主要的广大人民群众从我做起、学法守法，以遵纪守法为荣。法治精神、法治文化，在很大程度上是老百姓的参与和自律。过去，人们在普法工作上下了很大的功夫，也取得了明显的成绩。但是，与社会经济事业的飞速发展和错综复杂的社会形态相比，普法工作依然空白很多，大有可为。社会上各种权大于法、拳头大于法、家法大于法的不正常现象相当常见，遇事每每从自己的角度出发，意气用事，盛怒之下，出言不逊，乃至拳脚交加、拔刀相向的场面，不止在深受网络暴力毒害的未成年人之间经常发生，在青年人、中年人乃至老年人之间，也多次上演着。依法治国，就是需要广大公民都有明确的法制观念，了解掌握基本的法律知识，遵纪守法，规范自己的言行，恪守社会道德底线，不钻制度的漏洞，既不做恃强凌弱、穷凶极恶的霸王，也不怕胡搅蛮缠、没理强占三分的赖皮，更要避免口无遮拦、动手动脚的粗野行径，要相信法律，牢固树立"任何事情只要是违法的，不管做成什么效果，都是不可行的"法治意识，遇到问题，要从法律的角度看一看，习惯于通过法律渠道来解决问题，学会用法律武器来维护自己的合法权益，共同营造一个公平正义的法治大环境。

六、学习建议

学习本节，要理解建设中国特色社会主义法治体系的意义与内容，理解全面依法治国的基本格局。

第八章　树立法治观念　尊重法律权威

第一节　树立社会主义法治观念

一、学习重点

本节主要讲述建设社会主义法治国家的相关内容。通过学习，学生应体会依法治国、建设社会主义法治国家的重要意义，提高法律意识和国家安全意识，自觉树立社会主义法治理念，养成法治思维方式，在日常生活中能从法律的角度思考、分析、解决法律问题，提高法律风险防控意识。

二、典型案例

他能否要回自己的出资？

刘某与丁某经朋友介绍相识，并发展成恋爱关系。两个人为了结婚，贷款买了一套房子，交了近30万元的房款，还对房子进行了装修，并购买了家具、电器等。这套房子的发票上所列的付款人和购房贷款存折都是丁某的名字。2007年5月，由于种种原因，刘某与丁某决定分手。于是，房子与家具、电器的归属就成了两人的一个争议焦点。

刘某起诉称，在与丁某恋爱期间，自己出资25万元购置了房产，又出资15万元装修了房屋，还购置了6万元的家具和电器。两人分手后，丁某换了门锁，并不让刘某拿走家具和电器。因此，刘某要求法院判决丁某返还其购房款和家具、电器。丁某向法庭提供了两份证人证言，并陈述说，自己与刘某在恋爱期间，两人挣钱两人花，不分彼此，买房是共同贷款，装修房屋和购买家具的钱也无法分清各自的份额。

法律讲的是证据，没有证据，法院不会采纳你的主张，你的合法权益也就得不到保障。在刘某状告丁某要求返还财物的案件审理过程中，他始终没有提出自己独立出资购买房屋及装修的证据。根据《最高人民法院关于民事诉讼证据的若干规定》,"当事人对自己提出的诉讼请求所依据的事实或者反驳对方诉讼请求所依据的事实有责任提供证据加以证明。没有证据或者证据不足以证明当事人的事实主张的,由负有举证责任的当事人承担不利后果"的规定,法院认定刘某没有提出有关证据,驳回了刘某的诉讼请求。

三、案例思考

1. 你认为刘某的主张是否合法?为什么?
2. 你认为在日常生活中应如何维护自己的合法权益?

四、案例点评

在日常生活中,亲戚、朋友之间经常会相互借贷以解燃眉之急,因为是朋友或是亲戚,出于信任也碍于面子,借钱之初没有要求写欠条,导致最后追债困难。同样,有些生意来往,因为是熟人或者交往的次数多了,根据以往的经验和相互的信任进行交易,前几次都没有发生纠纷,但是,就有那么一次,一方未付款或未按时交货,而双方之间又没有任何交易的凭证,如合同等。权利人想起诉法院,却因缺乏证据,只能是哑巴吃黄连——有苦说不出。在日常生活中,我们要有保留证据、保护证据的意识,比如,购物小票或发票就是维护消费者权益的重要证据,在购物时,一定要索要购物小票或开具发票,一旦发生买卖纠纷,可以凭此保护我们自己的权利。

五、延伸案例

案例一 醉酒驾他人车辆身亡 车辆出借方被判赔偿损失

赵某醉酒后驾驶摩托车,压过人行道上的沙堆后撞树身亡。赵某的母亲路某将车辆出借方宫某及道路的管理方某区市政管理所诉至法院,要求赔偿各项损失近60万元。北京市通州区人民法院审结此案,判决宫某及市政管理所各赔偿路某99 000余元。

2012年10月28日,赵某与被告宫某一起在宫某家喝酒,两人各喝了半斤白酒。喝完酒后,赵某驾驶被告宫某所有的摩托车并搭乘宫某,在车辆行驶至六环辅路时,摩托车压过人行道上的沙堆后撞上路边的树木,致使赵某死亡。事故经交通队认定,赵某负全部责任。赵某的母亲路某认为,被告宫某作为车辆所有人,没有阻止醉酒的赵某驾驶摩托车,应当承担赔偿责任;被告市政管理所作为道路管理方,未及时清理路边沙堆,导致事故的发生,也应当承担赔偿责任。

被告宫某辩称，事故的发生与其没有关系，当时赵某坚持要骑车，根本拦不住，故不同意赔偿原告的损失。

被告某区市政管理所辩称，沙堆并非其管理范围，且沙堆在人行道上，并不影响原告正常行驶。事故的发生在于原告醉酒驾车，故不同意赔偿损失。

法院经审理认为，机动车所有人知道或者应当知道驾驶人因饮酒不能驾驶机动车的，应当认定其对交通事故造成的损害存在过错。被告宫某作为摩托车所有人，明知赵某饮酒，仍允许其驾驶车辆，其对损害的发生存在过错，应当承担相应的民事赔偿责任。被告市政管理所作为道路管理方，未及时处理路面沙堆，也应承担部分责任。法院最终判决被告宫某、市政管理所各赔偿原告死亡赔偿金、丧葬费、被扶养人生活费、精神损害抚慰金、交通费、住宿费共计 99 000 余元。

案例二 华为叫板美国 IDC 标准必要专利费率胜诉

华为与美国 IDC 公司的反垄断和标准必要专利之争备受瞩目。之前因两案涉及商业秘密，宣判后判决书一直未公开，广东省高级人民法院仅在 2013 年 10 月 28 日披露了反垄断案的判决内容，但对业界更为关注的标准必要专利使用费纠纷审理情况并未披露。2014 年 4 月 18 日，广东省高院首次在其官网发布了两案判决书（涉及商业秘密的部分已作技术处理），案件的承办法官首次向《法制日报》记者解读此案的裁判理由。

在反垄断案中，华为胜诉赢得了 2 000 万元人民币的赔偿。而在标准必要专利费率纠纷中，华为的胜诉为其省下将近数亿美元的成本。而此案也成为中国标准必要专利第一案。

（一）"仅此一家"引标准必要专利争端

标准必要专利到底是什么？标准和专利之间有什么关系？

涉案的两家公司都是通信领域的巨头。一方是美国交互数字公司（IDC 公司），掌握了无线通信领域从 2G 时代到 3G、4G 时代的许多核心专利，其中，部分专利已经成为该领域的国际标准。

诉讼另一方华为公司也是世界通信设备生产巨头。要生产符合标准的手机等通信设备，就不可能绕过对 IDC 公司专利的使用。每次使用就意味着付费。这费用怎么定，一直就是专利方说了算。华为起诉 IDC 公司，叫板的就是这个费率。

为此，双方从 2008 年 11 月就开始了多轮谈判。在美国启动对华为等公司的"337"调查前，IDC 公司曾于 2012 年发出最后"通牒"，要求华为从 2009 年至 2016 年按照销售量确定支付许可费率为 2%。

2% 是什么概念？目前，一般工业产品的利润率仅为 3%，也就是说，华为公司仅缴纳这单独一家的专利费就几乎要掏空全部利润。令华为公司感到愤怒的是，IDC 公司在对外进行专利许可时采取了多重标准——给华为公司的许可使用费率是给三星、苹果的十倍乃至数百倍。

标准必要专利的开价怎么就成了IDC的"一言堂"？此案审判长、广东省高院知识产权审判庭副庭长欧修平解释道，标准具有封闭效应。现行通信领域技术标准有2G、3G、4G，它们由一些行业标准化组织制定，其中，影响较大的有欧洲电信标准化协会（ETSI）、美国电信工业协会（TIA）等。IDC公司在其拥有的必要专利上，就具有"仅此一家、别无他选"的100%许可市场份额。

（二）"能否直接确定费率"成审判难题

通过谈判，华为无法与IDC公司达成协议，反倒被IDC公司启动了"337"调查并起诉到美国法院。华为采取的反击手段是，在中国法院状告美国公司。其诉求很简单，要求法院按照公平、合理、无歧视的原则（FRAND）来确定两者间的标准必要专利许可使用费率。

"看似简单的诉讼请求却提出了知识产权审判领域前所未有的难题。"欧修平告诉记者，法院在审理中面临三大难题：华为和IDC公司并没有签订合约，法院能不能直接确定许可费率？FRAND原则是电信标准化协会的知识产权政策与承诺，中国法院能否直接用它来做判决依据？在华为没有明确要求判多少费率的情况下，该怎么判？

案件在广东省高院一立案，就引起了美国、欧洲一些法官、专家的高度关注，一家美国法院甚至还以中国法院受理此案为由，停止IDC公司在美提起诉讼的审理工作。

欧修平告诉记者，由于案件争议的是标准必要专利，当事人并未达成合意，所以，沿用专利合同纠纷或者专利实施许可合同纠纷案由并不妥当。为此，合议庭专门就案由的确定进行了讨论，提出了"标准必要专利使用费纠纷"这个案由。

案由确定后，摆在法官面前的是这个案件有没有可诉性？按道理，市场买卖靠双方自愿，不可强求，在专利市场亦然。对此，欧修平解释说，根据国际标准化组织（ISO）的定义，标准是在一定范围内的最佳秩序，是经协商一致并由公认机构批准，可供共同、重复使用的一种规范性文件。尽管专利是私人权利，但是当它跟标准结合形成标准必要专利（SEP）之后，就被赋予了规范性、强制性和公益性。

简单来说，一项专利一旦成为标准，首先该专利是任何要达到该标准的经营者都可以使用的；其次，要达到这标准就绕不开该专利的授权。一旦专利人肆意抬高许可费或采取歧视性许可，获取额外暴利，那么就应当受到适度干预。

法官对案件管辖权的诠释让案件得以顺利进入庭审阶段。

（三）IDC公司违反FRAND原则

由于此案涉及商业秘密，庭审不公开进行。美国IDC公司认为，专利权是其私有权利，不能强迫，更不能由法院来判决确定许可的费用。IDC将矛头指向了华为要求法院适用的FRAND原则。而这项原则能否适用，将成为决定双方诉讼结果胜败的关键。

那么，什么是FRAND条款？相关标准化组织的知识产权政策普遍要求在公众的标准化需求、保护合理竞争秩序和防止专利权人滥用许可之间找到一个平衡，从而对技术标准所涉及的专利权加以限制。而这个限制就是FRAND，即"公平、合理、无歧视"原则，其实质针对的是专利"讹诈"。

在法庭上，IDC公司提出，中国法院不能直接援引FRAND原则，因为制定该原则的组织ETSI所在地是法国，如果要用，也应适用法国法律查明该原则的真正含义。该公司认为，在法国法律中，这个原则只是表明一种邀请协商，并非强制缔约。

对此，法院认为，尽管中国法律没有具体规定FRAND的含义，但民法上的诚实信用、权利不得滥用原则与其在精神上是相通的。这个案件涉及的标准专利是IDC公司在中国申请或者获得授权的专利，是根据中国专利法确定的，而作为使用方的华为公司住所地、涉案专利实施地、谈判协商地都在中国，与中国最密切，应当适用中国的法律。

欧修平说，加入标准化组织时作出的"公平、合理、无歧视"的承诺行为可以构成当事人的义务，同为会员的当事人之间发生纠纷，则可以自动成为合同的组成部分。而华为和IDC同为ETSI成员，故可以直接依据FRAND原则进行判决。

广东省高院最终认为，IDC公司许可给华为公司的费率是许可给苹果公司的百倍左右，是三星公司的10倍左右，明显违反了FRAND原则。法院判决直接确定IDC公司在中国的标准必要专利许可费率为不超过0.019%。

2014年2月19日，国家发改委确认，已经对专利巨头IDC发起反垄断调查。随后，IDC正式提交了道歉及整改承诺书，承诺将对中国企业的专利许可遵循公平、合理、无歧视的原则，不再收取歧视性的高价许可费。

案例三　QQ聊天记录可做电子证据

2010年12月21日，某电子公司与某网络公司签订《外贸网络营销服务合同》，约定电子公司购买一套外贸营销系统，由网络公司负责服务平台的搭建及推广，电子公司分期向网络公司支付货款。电子公司起诉称网络公司未能按约依期履行合同，请求网络公司返还已付合同款项。网络公司提交QQ聊天记录，以证明双方通过QQ聊天平台协商变更了合同内容，答辩说不存在违约事实。

法院审理认为，电子公司认为网络公司没有完成平台搭建及推广义务，网络公司提交QQ聊天记录以证明双方的交流和协商过程。电子公司否认QQ聊天记录的证据效力，但同时又引用聊天记录的部分内容作为网络公司违约的证据，故可以确认QQ聊天记录内容的真实性。从聊天记录的内容看，双方在履行合同中以实际行为对合同约定的网络平台建立期限作出了变更，因此，电子公司主张网络公司延迟履行合同义务与事实不符，故判决驳回电子公司的诉讼请求。

六、学习建议

学习本节，学生应结合教材内容及相关案例，理解掌握我国社会主义法律的内涵，了解我国社会主义法律体系，树立社会主义民主法治观念，增强国家安全意识，切实履行维护国家安全的法律义务。掌握法律思维方式的含义、特征和培养途径，自觉维护社会主义的法律权威。

第二节 法治思维与法律权威

一、学习重点

通过讲授使学生准确把握法治思维的基本含义和特征，正确理解社会主义法制建设的基本关系，逐步培养社会主义法治思维，培养运用社会主义法治思维分析和解决问题的能力，尊重法律权威，全面提升大学生的法律素质。

二、典型案例

他们的做法合理但不合法

王某等6人是北京某高校自考班和继续教育学院的在校学生，几个人在学校附近村庄租房居住。2008年11月21日中午，正在午休的王某听到房内有动静，起身一看，只见一个人影夺门而出，王某意识到是小偷，遂边追边打电话叫来其他5名同学，6人在附近加油站将小偷抓住，并对其进行殴打和询问。小偷袁某承认不久前曾在他们的住处偷过两部手机，而且同意筹钱赔偿。6人带着袁某到其亲属家四处筹钱未果。于是，王某6人提出让袁某赔偿两部手机共计3 000元，袁某的母亲同意第二天筹到钱送去。但王某等人怕小偷溜走，又将小偷带回学校学生会并由专人看管。

第二天上午，袁某的母亲带着2 000元来到学校，找到王某等人，但王某等6名学生坚持要求按照前一天协商的3 000元支付，不同意放人。协商破裂后，6名学生与袁某的母亲于当天上午10时许向警方报案，袁某和6名学生均被警方带走。

2009年2月，某区检察院以非法拘禁罪将王某等6人起诉。3月9日，一审法院以非法拘禁罪将王某等6人判处拘役5个月。宣判后，其中王某以判决量刑过重为由上诉至北京市第一中级人民法院。

北京市第一中级人民法院经审理认为：王某等6人非法剥夺他人人身自由，其行为已构成非法拘禁罪，应依法惩处。王某的上诉理由没有事实和法律依据，法院不予采纳。据此，北京市第一中级人民法院作出维持原判的终审判决。

我国刑事诉讼法第三条明确规定：对刑事案件的侦察、拘留、执行逮捕、预审，由公安机关负责……除法律特别规定的以外，其他任何机关、团体和个人都无权行使这些权利。

本案例中，由于小偷的盗窃行为触犯了刑法，应由公安、司法机关依法解决，对这种公诉案件，法律不允许私自和解，更不允许王某等6人剥夺小偷的人身自由，由于王某等同学的法治意识淡薄，才导致这起案件的发生。

我们看到，6名学生由受害人变成罪犯，转瞬之间，天壤之别，令人叹息不已。看似合理但却不合法的做法，并不是维护自身合法权益的有效办法。本案例警示大学生要学习法律知识，提高法律意识。

三、案例思考

你是怎么认知本案中王某等人的行为的？

四、案例点评

我们看到，本案中6名学生由受害人变成罪犯，转瞬之间，天壤之别，令人叹息不已。看似合理但却不合法的做法，并不是维护自身合法权益的有效办法。本案警示大学生要学习法律知识，提高法律意识。为达到自己所诉求的目的而违法，无论这种目的是否合理。请大家一定增强法律意识，自觉遵守法律，维护法律权威。

五、延伸案例

案例一　史上最牛钉子户

从2004年起，重庆市九龙坡区的鹤兴路片区旧城改造工程开始启动，重庆南隆房地产开发有限公司与重庆智润置业有限公司确定联合对该片区实施商业开发，2005年，重庆正升置业有限公司加入，成为第三方开发商，该地区邻近杨家坪轻轨站，是当地的商业核心地段之一。自拆迁公告发布以来，该片区204户住户和77户非住宅户，除杨武、吴苹夫妇一户外，均陆续与开发商达成协议搬迁。

杨武、吴苹夫妇的房屋坐落于鹤兴路17号，面积219平方米，是一座两层砖混结构，属营业用房，据吴苹所述，该地段在1944年由杨武父亲建成房子，1992年重建成现在的建筑，2004年8月31日公布拆迁公告，由于他们的房子最大，九龙坡区房管局以此为由放到最后来解决。2005年9月6日，房管局与发展商达成裁决，但剩下九家拆迁户没有参与和签字，吴苹作为代表与房管局理论后终止裁决，发展商对区内断水断电，2005年7月，其他八户拆迁户已跟发展商达成协议，只有事件主角夫妇仍在胶着。

（一）独守孤房

在执行期限即将到来之前，房屋虽然早已被断水断电，但杨武断然在3月21日爬上"孤岛"，重返留守孤房，每天由妻子或妻子之兄吴健把食物、瓶装水甚至大瓦斯瓶送至空地下，由丈夫用绳子把它们一一吊至房子内，以维持生活所需，同时他也带上包括《中华人民共和国宪法》在内的各种法规文本和有效证件。他在楼顶（前方）扯上"公民的合法的私有财产不受侵犯"横幅，在后方一楼则拉上"国家尊重和保护人权"横幅，并在众多记者的镜头前挥舞国旗，表示"与楼共存亡"，附近也有不少民众到场展示横幅，表示声援。

（二）最后结局

3月22日期限过后，至同月30日上午，九龙坡区人民法院仍未强制执行拆迁，但于同日该法院发表公告，责令在钉子户内坚守的杨武在4月10日前（即十天后）自动搬迁，钉子户交由智润置业公司拆除。

事件至4月2日下午有突破性发展：杨武、吴苹夫妇与开发商在下午四点半达成协议并签署拆迁安置同意书；二人同意接受易地实物安置，在沙坪坝区置换一套同等面积之商业用房（协议中没有涉及补偿金事项），约下午五点，杨武拆除挂在屋子前后之横幅与国旗并收拾家当离开房子，象征事件落幕。官方人员其后曾登上该幢楼房楼顶视察并拍照，而开发商于晚上七点半开始拆除房子，至当晚十点半被移平（但地基土丘并未推倒），事件正式结束。

本案中，自2004年，重庆市对九龙坡区杨家坪进行旧城改造，吴苹与开发商没能达成拆迁协议。开发商要强拆，吴苹一家则在房子墙上贴满《宪法》、《民法通则》、《物权法》、国务院的《拆迁条例》条文等，在房顶挂上国旗，她要求按照法律办事。在媒体的关注下，2007年4月，在拆迁最后时限，双方和解。吴苹夫妇运用法律思维，合法维护自身权益。

案例二 法律尊严的维护者——张飚

张飚，男，63岁，原新疆石河子监狱驻监检察官，已退休。

2013年3月26日，浙江省高级法院公开宣判，撤销"5·19"杀人强奸案原审判决，宣告张辉、张高平无罪，一场十年的冤案得以昭雪，引起社会轰动。背后推动案件再审改判的正是这位尽职尽责的优秀检察官张飚。

2009年，张飚在任职期间，发现张高平案的证据有疑点，而这是浙江省办案的成功典型之一。张飚随后对河南、浙江几个案子综合分析调查后，将材料寄给了浙江的相关部门。几次催问都没有回应。张飚坚定地认为自己不会办错案。2010年在退休前夕，张飚给浙江省人民检察院的负责人写了一封长信。2013年3月，浙江高院终于作出了张高平叔侄两人无罪的判决。张飚为张高平、张辉叔侄俩赢得了最后的正义。

30多年来。张飚一直工作在检察一线。他和同事们之所以能够坚持6年时间，为浙江叔侄案申诉，就是因为心中有高度的责任感和维护法律尊严、维护社会公平正义的理想和信念。

2013年，张高平案引起了人们对中国司法公正的强烈关注，张飚这样的检察官，也让人们对法律的公正、公平充满了信心。

（来源：央视网 2013 - 11 - 26 08：46）

案例三　史上最严交通法规

2014年1月1日起，号称史上最严厉的交通法规开始实施。其中一条规定，黄灯亮起时，车身任何一部分越过停止线的可以继续前行，未越过停止线的，要停止通行，否则将招来扣6分的严厉处罚。有数据显示，元旦期间，由于司机害怕闯黄灯，紧急刹车引起的追尾事故迅速增加。直到1月6日，公安部下发通知，要求各地交管部门对目前违反黄灯信号的，以教育警示为主，暂不予以处罚。事件才算得到平息。

中国汽车工业协会原助理秘书长朱一平表示，红绿灯系统更换倒数读秒系统，才可实行闯黄灯6分的规定。目前，国内有的城市采用了倒计时红绿灯，有的依然用传统红绿灯。绿灯变黄灯前的闪烁模式也不多见。公安部交管局表示，是否设置或者改建倒计时信号灯，各地应根据各自的经济发展水平、机动车数量、交通流量等情况决定。这表明在实施闯黄灯扣6分之前，我们并未做好准备。深圳、济南等地表示暂不执行闯黄灯处罚规定，这显示出"一刀切"政令遭遇地方障碍的尴尬。"由于经济发展水平、道路硬件设施、各地气候条件等存在很大不同，各地执行新交规的环境也差别很大。不顾现实差异，'一刀切'式地统一推行最严交规，显得不够严谨和科学。"一位不愿署名的专家说。

诚然，严厉处罚闯黄灯是不少国家的惯例，对降低交通事故有重大意义。但是，史上最严交通法规首先应该是最严谨的法规。在执行最严法规之前，相关部门该不该先进行城市试点，然后根据情况逐步推广？法律的内在说服力是法律权威的内在基础。而法律内在说服力既来源于法律本身内容的合理性，也来源于法律实施过程的合理性。"史上最严交通法规"中的一些条款显然与我国社会经济发展状况不够匹配，这是造成其实施困难的主要原因之一。

六、学习建议

结合以上案例，帮助学生分析法律内容的内在合理性，理解法律的内在说服力对于法律权威的关键性意义。讲述案例时，可以引导学生树立法治思维，尊重法律权威。

第八章　树立法治观念　尊重法律权威

第三节　遵守公共生活中的法律规范

一、学习重点

学生要重点了解在社会公共生活中，协调人与人、个人与社会、人与自然之间的权利义务等一系列最基本的法律规范，树立较强的法律意识，自觉维护公共生活的秩序。

二、典型案例

大学生无证驾驶摩托车肇事弃车逃逸致受害人死亡

女孩小娜（化名）在吉林大学朝阳校区读大三。

2009年4月18日晚上，她外出去做家教，课后她横穿皓月大路准备坐车回校，突然一辆摩托车急速驶来，"砰"的一声，小娜倒在了血泊里。

目击者看到，摩托车撞倒了小娜，肇事者也摔倒了。小娜头部出了很多血，不省人事。肇事的小伙子站了起来，他大约20岁出头。"你赶紧报警啊，打120救救她啊！"目击者见小伙子站在那儿直愣神儿，便催促他。可是小伙子只是看着女孩，并没采取任何措施。目击者只好打电话叫急救车并报警。

就在这几分钟的工夫，小伙子跑到马路对面逃走了。目击者呼喊他别跑，但他的身影迅速消失在黑夜中。

急救车呼啸着将小娜送往医院，遗憾的是，当日23时许，女孩不治身亡。学校方面通知了她的父母，家人伤心欲绝。

（一）肇事者是名大学生

4月19日，长春市公安局交警支队组成专案组，勘查事故现场。

民警查出该车车牌系串挂的，估计该车是无牌车，难以找出真正的主人，线索暂时中断。

根据目击者描述的肇事者的衣着相貌，民警认为，肇事者是学生的可能性很大，而现场正位于吉林某大学正门口。

民警还调取了事发现场周边单位的监控录像，其中，肇事者逃逸的情节与目击者所说相符，身形和衣着也相近，只是看不清面部。

(二) 自首

专案组请来长春市公安局的画像专家，根据目击者描述，画出嫌疑人面部画像。交警印制了几十份嫌疑人画像，准备去案发地发布。交警刚要出发，一个小伙子来到了绿园区交警大队事故科。这个人正是肇事嫌疑人王某，21岁，吉林某大学大三学生。

王某对无证驾驶摩托车撞人逃逸行为供认不讳。根据其行为，警方认为他涉嫌交通肇事罪，依法予以刑拘。

(三) 交警对王某交通肇事后逃逸进行讯问

交警：肇事后你到哪儿去了？

王某：我挺害怕的，就跑到一个朋友开的旅店里躲着，我想回老家躲躲。但最终还是来自首了。

王某的头一直低着，帽檐挡着脸，无法看清他的神情。但在谈及肇事逃逸对未来的影响时，他抬起了头。

交警：你怎么把她撞得那么重？

王某：我和朋友约好晚上去网吧玩，当时我开得不太快啊，不知怎么就把她给撞了，天黑我没看清。

交警：你没有驾驶证，怎么就敢骑摩托车呢？

王某：我都骑了七八年了，挺容易掌握的。我家在农村，大家都骑摩托车，挺多人都没驾驶证。

交警：你下颌的伤是这次撞人摔的吧？你不戴头盔，不知道这样骑摩托车很危险吗？

王某：（王某点点头）这车是借来的，我没头盔。以前也摔伤过，都不太重，也没啥事。

交警：出事后你为何不救伤者，反而逃跑？

王某：我看她出那么多血，心慌了。

交警：你还有两个多月就毕业了，找到工作没有？

王某：我参加过招聘会，但没找到工作。

交警记者：这次你肇事逃逸，你知道对未来有多大影响吧？

王某：（抬起头，眼神中充满失落，反问交警）您觉得呢？

(四) 交警要严加整顿学生无证驾驶摩托车

社会上有这样一个现象：目前大中专院校里，骑摩托车的学生很多，几乎所有人都不戴头盔，大多数人还无证驾驶。这些学生以为自己只是在校园内及周边开车，不会被交警抓到，这种侥幸心理给交通安全带来极大隐患。

长春市几乎每年都有在校园里骑摩托车撞伤同学的案例，这起事故使交警支队更加重视，他们要对学生无证驾驶摩托车严加整顿，以杜绝安全隐患。

(五) 交通肇事后千万别逃逸

根据我国《道路交通法》和《刑法》的相关规定，交通事故死亡1人的，如果肇事人不逃逸，公安机关如认定负同等责任、次要责任及无责任，就不构成交通肇事罪；只要当事人逃逸，致责任无法认定，当事人将承担全部责任，涉嫌交通肇事罪。在量刑方面，当事人违反《道路交通法》而导致1人死亡的，处3年以下有期徒刑或者拘役，如果情节轻微，可以获得缓刑甚至不需服刑；交通肇事后逃逸的，将被处3年以上7年以下有期徒刑。可见逃逸与否，真的是天壤之别。

小娜的父母诉至当地人民法院，要求王某赔偿死亡赔偿金、精神损害抚慰金、丧葬费等经济损失共计70余万元。当地人民法院依法判决支持了原告的诉讼请求。

机动车司机一定要遵守道路交通安全法律法规，不要存在侥幸心理，要对自己负责、对他人负责。否则，一旦发生事故，则是害人又害己。

三、案例思考

上述案例中的王某触犯了《中华人民共和国道路交通安全法》和《中华人民共和国刑法》，根据我国刑法的规定，王某交通肇事后逃逸致受害人死亡，已经构成交通肇事罪。此案例给我们什么启示？

四、案例点评

此案中的王某，在撞倒小娜后本应该及时抢救，王某明知受害人在得不到救治的情况下会死亡，却选择逃逸，最终致受害人小娜死亡。王某已经构成交通肇事罪。

王某的所作所为，是值得我们深思的。他的行为在法律方面，已经构成犯罪；在道德层面，王某视他人生命为草芥，失去了一名大学生做人的底线。他漠视生命、践踏公德、缺失人性的卑劣行径，遭到了法律的制裁和全社会的唾弃和不齿。当下，社会上有一些像王某一样的人，他们无视国家法律，无视社会的公序良俗，肆无忌惮，为所欲为，给社会公共生活带来极大的危害，给他人带来痛苦和灾难，严重污染了社会风气。如果这些毒瘤不及早铲除，则和谐社会就无法构建，公共秩序无法保障，良好的社会风气无法形成。在思想多元化、经济市场化的今天，我们亟待建设一个公平、公正、和谐友爱的社会。要实现这个目标，每个公民都应该对他人多一点关爱，多一点尊重；对生命多一点敬畏，多一点真爱；对自己多点约束，对社会、对他人多点责任和义务。总之，大学生要自觉遵守社会公德和法律规范。只有如此，才不至于害人害己。

五、延伸案例

案例一　公安机关对杨某及其子小申某作出行政处罚决定

2009年3月17日晚上9点，罗某驾驶东风卡车正常行驶，通过某交叉路口时，发现老申某驾驶摩托车闯红灯,遂紧急制动,老申某驾车撞上东风卡车,经抢救无效死亡。经查,老申某系酒后无证驾驶。3月20日,某县公安局交警大队作出交通事故认定书,认定老申某负全部责任。老申某的妻子杨某不服,认为罗某将人撞死,应承担交通事故主要责任,多次到交警大队办公场所吵闹,严重影响办公秩序。3月22日上午8时,杨某携子小申某(1995年4月1日出生),将其父老申某的尸体抬至交警大队门口,要求交警大队重新作出交通事故认定,经出警民警教育劝阻,仍不同意将尸体抬走,致数十人围观。3月25日,杨某找到罗某,要求其支付部分赔偿金,遭罗某拒绝。4月3日,杨某与小申某再次到罗某家中吵闹,罗某之妻肖某见状,驱使自家的狗将小申某咬成轻微伤。群众报警后,民警到现场依法处置,查明小申某随身携带了匕首。

公安机关根据《中华人民共和国治安管理处罚法》的规定,作出下列处罚决定:

杨某多次在交警大队办公场所吵闹,扰乱交警大队工作秩序,已构成"扰乱单位秩序行为,"应根据《治安管理处罚法》第二十三条第一款第一项的规定,予以治安管理处罚;此外,杨某在上班时间与其子一起将老申某的尸体抬至交警大队门口,且不听劝阻,造成数十人围观,影响交警大队工作秩序,已构成"因停放尸体影响他人正常工作秩序,不听劝阻"行为,应根据《治安管理处罚法》第六十五条第二项的规定,予以治安管理处罚。对杨某上述两种违反治安管理的行为,应当根据《治安管理处罚法》第十六条的规定,分别决定,合并执行。决定行政拘留,合并执行二十日。

小申某与其母杨某将其父老申某的尸体抬至交警大队门口,造成数十人围观,影响交警大队工作秩序,已构成违反治安管理行为,但当时小申某尚不满14周岁,根据《治安管理处罚法》第十二条的规定不予处罚。小申某随身携带匕首,已构成"非法携带管制器具"的行为,应根据《治安管理处罚法》第三十二条第一款的规定予以治安管理处罚。鉴于其刚满14周岁,根据《治安管理处罚法》第十二条的规定,应当从轻或减轻处罚。对匕首应当根据《治安管理处罚法》第十一条第一款的规定予以收缴。

肖某驱使自家的狗将小申某咬成轻微伤,应按照《治安管理处罚法》第四十三条第一款的规定,因"故意伤害他人身体",应予以治安管理处罚,并依法承担民事损害赔偿责任。

案例二 大学生销售传播电脑病毒的沉重代价

在两个多月里,数百万电脑用户被卷了进去,那只憨态可掬的"熊猫"除而不尽,它化身数百种熊猫不断入侵个人电脑、感染门户网站、击溃企业数据系统。在几次大面积暴发后,"熊猫烧香"使众多电脑用户谈之色变,被称为2006年"十大病毒之首"。它的蔓延考问着网络的公共安全,也引发了一场虚拟世界里"道"与"魔"的较量。

2006年12月,一种神秘的新型病毒开始在互联网上大规模暴发,许多企业局域网、网吧和个人电脑遭到重创。该病毒通过多种方式传播,染上后,电脑屏幕上会出现一排排熊猫图案，熊猫们持香作揖。

2007年1月中旬，湖北省公安厅网监总队根据公安部公共信息网络安全监察局的部署，开始对"熊猫烧香"制作者开展调查。

对于警方的介入，"熊猫"懵然不觉，它继续四处"烧香"，且愈演愈烈。1月22日，国家计算机病毒应急处理中心再次发出警报：在全国通缉"熊猫烧香"。

据调查，病毒作者在病毒中加入了代码"WHBOY"（武汉男孩）。因此，警方猜测病毒作者可能是一个网名为"武汉男孩"的人。经初步核实，××市网监大队1月24日正式立案，并命名其为"1·22"制作传播计算机病毒案。

在省公安厅网监总队统一部署下，××市网警运用多种网络技术手段和侦查手段，获取确定了犯罪嫌疑人"武汉男孩"的身份信息。

"武汉男孩"，原名李某，2004年毕业后，李某曾多次到北京、广州等地寻找IT方面的工作，尤其钟情于网络安全公司，但均未成功。为发泄自己内心的不满，同时抱着赚钱的目的，李某开始编写病毒，2003年曾编写过"武汉男生"病毒，2005年编写了"武汉男生2005"病毒及"QQ尾巴"病毒。

李某交代，他于2006年10月16日编写了"熊猫烧香"病毒。这是一种超强病毒，感染病毒的电脑会在硬盘的所有网页文件上附加病毒。

除了带有病毒的所有特性外，"熊猫烧香"还具有强烈的商业目的：可以暗中盗取用户的游戏账号、QQ账号，以供出售牟利；还可以控制受感染的电脑，将其变为"网络僵尸"，暗中访问一些按访问流量付费的网站，从而获利。部分变种中还含有盗号木马（可窃取用户密码和信息的程序）。

李某以自己出售和由他人代卖的方式，每次要价500～1 000元，将该病毒销售给120余人，非法获利10万余元。经病毒购买者进一步传播，该病毒的各种变种在网上迅速大面积蔓延。据估算，被"熊猫烧香"病毒控制的"网络僵尸"数以百万计，其访问按访问流量付费的网站一年累计可获利上千万元。

"熊猫烧香"病毒的制造者是典型的故意制作、传播计算机病毒等破坏性程序，影响计算机系统正常运行，是后果严重的行为。根据《刑法》规定，犯此罪后果严重的，处5年以下有期徒刑或者拘役；后果特别严重的，处5年以上有期徒刑。

后来，犯罪嫌疑人李某被××市警方刑事拘留，法律将给予他严惩。

六、学习建议

建议学生在学习本节内容后，利用课外时间，认真学习了解与自己生活紧密相关的几部法律法规，如《中华人民共和国治安管理处罚法》《中华人民共和国道路交通安全法》《中华人民共和国集会游行示威法》《计算机信息系统安全保护条例》等，提高自己对法律知识的认识。